스펙을 이기는 이미지

스펙을 이기는 이미지

| 지수현 지음 |

YANG 양문 MOON

합격 스타일링을 위한
직무 맞춤 컨설팅

"슬림타이가 요즘 유행이거든요, 폭이 넓으면 촌스러워요!"

"갈색 구두가 단정한 느낌을 준다고 생각했어요."

"스커트를 더 길게 입으라고요? 지금도 충분히 길어요!"

거금을 들여 구입한 정장이 면접에 맞지 않는 복장이라는 걸 알고 뒤늦게 낙심하는 구직자를 보면 안타깝기 그지없다. 실제로 우리나라 구직자 대부분은 취업을 결심하면서 처음으로 정장을 구입한다. 청바지와 티셔츠 같은 캐주얼 룩을 입고 다니던 젊은이가 정장을 제대로 입지 못하는 것은 어쩌면 당연한 일이다.

현재 서점에는 취업을 위한 입사서류 작성법과 경력관리 같은 서적들이 다양하게 쏟아져 나와 있다. 하지만 정작 취업 이미지에 관한 책은 거의 없다. 이미지 스타일링을 위한 책도 많이 있지만 면접에서는 실제로 도움이 되지 못한다. 뷰티 관련 서적 역시 이성을 사로잡는 법만 다룰 뿐 면접관을 사로잡는 비법에 대해서는 언급조차 하지 않는다.

10년 동안 전국에 있는 구직자를 대상으로 '면접 이미지메이킹'과 '면접 스피치' 강의를 진행하면서 늘 아쉬운 것이 있었다. 강의가 끝나면 구직자들이 실제로 부딪히는 어려움을 토로하며 궁금한 부분을 해소하고자 하는데, 이를 제대로 대응해줄 수 없다는 점이었다. 때로는 이메일과 문자를 통해 보내는 질문에 직무 맞춤 컨설팅을 해주기도 했다. 자신의 증명사진을 봐달라는 경우도 있고, 민망해하면서 본인의 신체 사이즈와 전신사진을 찍어 보내준 구직자도 있었다. 심지어 넥타이를 찍어 보내며 선택해 달라고 하기도 하고, 백화점을 돌아다니다 몰래 정장 사진을 찍어 보내며 조언을 구하는 열성적인 구직자도 있었다. 그들의 질문은 "반팔 셔츠 입으면 안 되나요?" "스타킹은 꼭 신어야 하나요?" "남자도 화장을 해야 하나요?" "인상이 너무 날카로워서 고민이에요."처럼 무척 궁금하지만 정작 답을 구하기는 어려운 것들이었다. 구직자들의 답답한 처지를 누구보다 잘 알게 되면서 그들을 위한 면접 스타일북을 쓰기로 결심했다.

또 하나 아쉬웠던 점은, 이미지를 단지 '보이는' 것으로만 생각해 면접 당일 예쁘고 멋있게 보이는 데만 초점을 맞춘다는 것이었다. 대부분의 구직자들은 자신을 매력적으로 보이도록 가꾸고 준비하기보다는 한두 개의 스펙을 더 쌓는 것이 훨씬 더 강력한 효과가 있다고 생각했다. 그러나 실제로 스펙에는 이미지 스펙이라는 것이 있어서, 기본 스펙의 지원자가 첫인상이 좋고 태도가 반듯할 경우 심리적으로 가산점을 주게 된다. 뛰어난 스펙을 가진 지원자라 하더라도 이미지가 속된 말로 꽝인 지원자는 오히려 기회가 오지 않고 합격률이 낮은 경우가 많다.

이미지는 그 자체로 명백히 하나의 강력한 스펙이다. 면접 당일 일회성으로 이미지를 만들 일이 아니라 지금 이 순간부터 이미지 스펙을 쌓아야 한다는 것을 기억하고 고민했으면 좋겠다.

이 책은 이미지 스펙을 다뤘지만, 스피치 항목도 중요하게 언급했다. 이미지 스펙에 대해 고민하다 보니 결국 이미지의 완성은 스피치를 통해 연대감이나 공감을 형성하는 과정이라는 것을 깨달았기 때문이다. 직무에 맞게 스타일링을 하고 면접 상황에 맞는 패션을 완성했다 하더라도 언어와 소통하려는 태도가 뒷받침되지 않으면 앞의 요소들이 힘을 쓰지 못한다. 첫인상과 스타일링, 스피치가 하나로 어우러질 때 매력적인 이미지는 스펙으로서 힘을 발휘할 수 있다.

'Chapter 6. 마지막 관문을 통과할 열쇠, 스피치 스펙' 편에서는 best, worst 사례를 통해 구직자들이 실용적으로 활용할 수 있는 자기소개 방법과 면접관과 소통할 수 있는 취업 커뮤니케이션 팁을 넣었다. 인터넷에 떠도는 샘플이 아니라, 컨설팅을 통해 직접 만났던 구직자들의 합격 사례를 팁으로 구성했다.

이 책에서 한 가지 주의해 봐야 할 점은 기존 패션지에서 이야기하는 용어와 취업패션에서 쓰이는 언어가 다르다는 점이다. '클래식'과 '트렌디'라는 단어를 예로 들어보자. 일반 패션지에서 클래식은 '시대를 초월해 이어져온 변하지 않는 스타일', 그리고 트렌디는 '최신의, 지금 유행하는 스타일'로 통용된다. 하지만 이 책에서는 직무 담당자와 인사 담당자의 인터뷰를 통해 재정의된 언어로 사용했다. 즉 여기서의 '클래식'은 조직 문화가 보수적이고 직무가 남성 중심적인 분위기를 가리키고, '트렌디'는 자유로운 문화 속에서 창의성과 감각이 중요한 역량이 되는 직무의

합격 스타일링을 위한 직무 맞춤 컨설팅

느낌을 말한다.

　결론적으로 이 책은 지극히 평범한 취업준비생들, 그러니까 어쩌면 정장 한 벌을 장만하기 위해 오늘도 아르바이트를 하고 있는 구직자들이 최선의 이미지 스펙을 형성함으로써 가장 효과적이고 성공적으로 면접에서 승리할 수 있는 팁을 제공하는 것이 목표이다. 이를 위해 가장 염두에 두어야 할 점은, 직장인들의 업무복장은 그들이 몸담고 있는 조직의 문화, 가치관, 업무스타일을 반영해야 한다는 것이다. 업무에 편한 옷, 기업의 문화에 맞는 옷이 바로 예비 직장인을 포함한 직장인들의 패션이다. 곧 직장인이 될 구직자들에게 당부하고 싶은 마지막 말은, 면접 복장이 교복처럼 한 가지 스타일로 정형화되어서도, 드라마 속 연예인들의 모습을 따라하는 어설픈 패션이 되어서도 안 된다는 것이다.

2015년 2월
지 수 현

contents

프롤로그 | 합격 스타일링을 위한 직무 맞춤 컨설팅 004

Chapter **1** 이미지 스펙을 위한 준비운동

01. 스펙으로만 취업하던 시대는 끝났다 013

02. 첫인상은 또 다른 이름의 이력서 017

03. 호감 주는 표정이 설득력을 더한다 024

04. 면접 패션에 공감요소를 넣어라 031

05. 성공적인 면접을 위한 자세, 매너 매뉴얼 035

06. 증명사진 NG 스타일 042

Chapter **2** 직무역량 돋보이게 하는 스타일링_ 남성편

01. 면접관이 반하는 슈트는 따로 있다 051

02. 셔츠는 슈트의 맵시를 결정한다 061

03. 면접관이 좋아하는 넥타이 067

04. 비즈니스 캐주얼이 대세다 073

05. 캠퍼스 캐주얼과 직장 캐주얼은 다르다 079

06. 디테일로 마무리하는 패션의 완성, 구두 085

Chapter **3** 직무역량 돋보이게 하는 스타일링_ 여성편

01. 면접관은 세련된 지원자를 좋아하지 않는다 095

02. 유통, 마케팅, 해외영업은 도시녀를 선호한다 104

03. 광고, 홍보, 디자인은 톡톡 튀는 감성을 드러내라 111

04. 용납할 수 없는 면접 패션 117

05. 여자의 자존심 킬힐! 면접에서는 NG 123

06. 액세서리, 잘하면 플러스 과하면 마이너스 130

Chapter **4** **메이크업으로 첫인상 리모델링하기_ 남성편**

01. 생기 있는 피부 만들기 139

02. 바른 듯 안 바른 듯 가벼운 비비크림 146

03. 눈썹 하나로 이미지를 바꾼다 151

04. 깔끔한 인상을 만드는 나만의 면도법 158

05. 남성의 NG 헤어스타일 164

Chapter **5** **메이크업으로 첫인상 리모델링하기_ 여성편**

01. 건강한 민낯, 면접에선 안 된다 173

02. 건강한 피부연출 노하우 177

03. 똘망똘망한 눈 만들기 184

04. 눈, 뺨, 입술에 '나다운 컬러'를 입혀라 191

05. 면접관의 고개를 젓게 만드는 헤어스타일 198

Chapter **6** **마지막 관문을 통과할 열쇠, 스피치 스펙**

01. 이색적인 채용 속 돋보이기 전략 A부터 Z까지 207

02. 자기PR로 면접관 사로잡기 214

03. 진정성 있는 스토리로 전달하라 223

04. 쏙쏙~ 들리는 자기소개 따로 있다 232

05. 스피치를 좌우하는 숨은 두 요소 239

06. 말 잘하는 지원자, 비법이 뭘까? 247

1
Chapter

이 미 지
스펙을 위한
준 비 운 동

스펙으로만
취업하던 시대는 끝났다

　스펙으로 채용하던 문화가 변하기 시작했다. 스펙spec은 지원자의 기본적 정보를 알 수 있는 데이터로 학교, 학점, 영어성적, 직무자격증, 대외활동, 어학연수, 인턴, 아르바이트 경험 여부 등을 말한다. 그 스펙 중에서 실무경험을 통해 취업역량을 키울 수 있는 인턴과 취업 시 기본 지원 자격 요건이 되는 자격증, 영어성적 등은 특히 중요하다. 한마디로 스펙은 객관화할 수 있는 증명 가능한 데이터다. 그런데 최근 탈스펙화된 또 다른 자격 요건이 새로운 스펙으로 요구되고 있다. 바로 '이미지'와 '스토리'다.

　이미지는 시각적 요소에 기반을 둔 사람에게 느껴지는 감각이다. 외형적인 스타일과 눈빛, 표정, 말투, 단어 선택, 제스처 등 그 사람으로 파악할 수 있는 감각적 요소가 이미지다. 반면 스토리는 자신의 경험을 통해 습득한 덕목을 말한다. 최근 들어 스토리가 스펙을 이긴다는 말이 나돌 정도로 스토리의 중요성이 강조되고 있는데, 이는 지원자의 고유한 경험 속에 숨겨진 덕목을 엿볼 수 있기 때문이다.

이처럼 '이미지'와 '스토리'가 대두되는 이유는 인재상을 간접적으로 파악할 수 있는 정보를 가지고 있기 때문이다. 전통적인 채용에서는 수치화된 능력으로 표현되는 스펙이 전부였다면, 최근 변화된 방식에서는 스펙이 좀 부족하더라도 기업의 인재상과 잘 맞는 인재를 선발하여 능력을 키우고자 한다. 여기서 기업이 원하는 인재상은 우리 조직과 잘 맞는 '우리화'된 사람을 뜻한다. 기업은 이런 인재가 조직에 들어왔을 때 충성도가 높고 조직 문화와 가치 전파가 잘되어 업무 효율이 높아지는 것으로 보고 있다. 기업 입장에서는 한 달이나 1년을 같이 살아보는 게 아니기 때문에 '우리화'된 사람을 채용하기 위해 처음 느끼는 이미지와 면접에서 듣는 그 사람의 스토리를 통해 우리와 닮은 사람인지를 판단한다.

탈스펙으로 불리는 '또 다른 이름'의 스펙인 이미지와 스토리의 중요성과 특징을 조금 더 자세히 살펴보자.

"난 당신들과 같은 사람이에요"를 설득할 수 있는 이미지

면접에서 이미지는 조직 구성원과 '닮은 느낌'을 말한다. 닮은 느낌은 외형적인 스타일에서 오는 시각적인 요소와 말에서 오는 청각적인 요소를 포함해 오감으로 전달된다. 면접관 입장에서는 자신과 복장이 비슷하거

스펙으로만 취업하던 시대는 끝났다

나 인상이 비슷하고, 말투나 사용하는 단어가 비슷할 경우 '우리 사람 같다'고 느끼게 된다.

면접은 기업 문화와 일치도가 높은 사람을 뽑는 일이다. 즉 기업의 정체성을 의미하는 CICorporate Identity에 맞는 조직과의 융합성을 평가한다. CI는 MIMind Identity, VIVisual Identity, BIBehavior Identity 세 요소로 평가하는데, 생각이 비슷하면 이미지가 비슷하고 결국 행동하는 것이 같아진다. 조직의 비전과 개인의 비전이 달라지면 기업은 영속할 수 없다. 구성원 개개인이 같은 방향을 바라보고 있을 때 조직은 한 방향으로 흘러가는 것이다. 그래서 면접에서는 VI의 기준이 되는 이미지, 즉 우리와 '닮은 느낌'이 지원자를 긍정적으로 보게 한다.

한 예로, 금융권에 합격한 P는 회사 이미지에 맞는 스타일이 합격비결이었다고 말한다. 그는 회사 로고의 상징적 의미가 큰 금융권의 특성을 고려하여 각 금융사 로고의 대표 컬러를 활용했다. K은행의 로고 컬러에 맞춘 노란색 넥타이를 준비해 '닮은 느낌'을 연출한 것이다. 실제로 신입사원 연수 때 회사 로고와 어울리는 금색 넥타이를 하도록 할 만큼 통일된 이미지를 중요하게 생각하는 K은행의 조직문화를 이해한 지원자였던 것이다.

기업의 면접관 입장에서 외모를 인재상과 맞물려 해석하는 데는 심리학적인 관점도 크게 작용한다. 심리학적 관점에서 외모를 중요하게 생각하는 것은 은연중에 외모가 많은 의미와 정보를 지니고 있다고 여기기 때문이다. 면접에서는 이러한 시도의 오류를 피하기 위해 다양하게 구조화된 장치로 평가하지만 외모가 주는 심리적인 영향을 피할 수는 없다.

숨겨진 인성과 태도, 자질을 보여주는 스토리

얼마 전 컨설팅에서 영업직무에 지원하는 여학생 K를 만났다. K는 일반 의류매장 판매 아르바이트 경험으로 본인을 소개했는데, 헤어숍에서 카탈로그를 보여주는 것처럼 스타일별로 어울리는 옷을 선별해 만든 안내책자를 영업에 활용한 스토리였다. K의 스토리를 들으면서 내가 채용담당자라면 급속히 변화하는 사회에서 꼭 필요한 핵심 인재로 활용할 수 있겠다고 생각했다. 그의 스토리에서는 열정과 정성, 끈기 등을 읽을 수 있었는데, 이러한 덕목들은 기업이 원하는 인재상에 요구되는 것과 정확히 일치한다.

컨설팅에서 만난 또 다른 지원자 J는 승무원을 꿈꾸는 학생이었다. 공대에 진학했지만 뒤늦게 적성에 맞지 않는다는 것을 알게 된 그는 2학년 때부터 승무원 메이크업에 망을 씌운 쪽머리를 한 채 운동화를 신고 캠퍼스를 누빈 덕에 이미 캠퍼스에서 사차원으로 유명했다. J와 상담을 하다 보니 자격증이나 팀프로젝트 경력보다 더 많은 것이 서비스 경험이었다. 승무원을 목표로 방학 때마다 다양한 분야의 서비스 경험을 통해 본인만의 노하우를 쌓아온 것이다. 결과는 합격. 학점도 우수하지 않고 눈에 보이는 스펙은 부족했지만 본인이 원하는 기업의 인재상에 맞춰 끊임없이 이미지를 준비하고, 직무에 포커스를 맞춰 역량을 키운 덕분이었다. 스펙은 채용에 필요한 필요조건일 뿐 충분조건은 아닌 것이다.

첫인상은
또 다른 이름의 이력서

"첫인상이 당락을 좌우하는 경우도 상당히 많습니다. 인상 자체가 생활습관이나 인생을 함축하고 있다고 판단하기 때문이죠."

동원엔터프라이즈 채용파트장 전진호 차장은 첫인상의 중요성에 대해 강조한다.

실제로 한 취업포털 사이트가 대기업 인사담당자를 대상으로 설문조사를 실시한 결과 86퍼센트가 '첫인상을 고려한다'고 답했다. '상당히 고려한다'는 응답도 29퍼센트나 되었다. 지원자의 '첫인상이 안 좋아 감점을 한 적이 있다'는 회사도 73퍼센트로 나타나 결국 첫인상이 당락에 결정적으로 영향을 미친다는 것을 알 수 있다.

면접관들에 따르면, 첫인상이란 전체성에 의한 느낌과 부분적으로 형성되는 정보의 복합이다. '호감이다', '강하다', '따뜻하다' 처럼 전체성에 의해 생기는 감정적인 반응, 즉 정서적인 느낌과 함께 '정장을 입지 않았다', '자세가 뻐딱하다' 등의 객관적 정보를 통한 판단과 결정을 모두 포함하는 것이다. 때문에 구직자는 첫 대면의 순간에 긍정적인 느낌을 줄 수 있도록 노력해야 하며, 자세와 매너, 패션과 헤어, 말투 등 구체적인 면접 이미지 케어를 통해 복합적인 이미지 스펙을 만드는 것이 중요하다.

면접장에서 때로는 실력보다 더 큰 영향력을 미치는 첫인상, 대체 어떤 역할을 하고 어떤 특징을 지니고 있는 것인지 살펴보자.

2분, 그 짧은 순간에 형성되는 첫인상

첫인상이 결정되는 시간은 얼마나 될까? 취업포털 '사람인saramin.co.kr'에서 기업 인사담당자를 대상으로 조사한 '지원자의 첫인상 평가 시간' 결과를 보면 30초(26.4%), 1분(24.9%), 들어오자마자(16%), 5분(14.3%) 등 평균 2분으로 집계되었다. 면접관을 사로잡아야 하는 시간이 불과 30초에서 2분뿐이라는 얘기다. 좋은 첫인상은 예쁘고 잘생기고의 문제가 아니라, 면접장에 들어와서 인사하고 자리에 앉아 자기소개를 하는 '그때' 까지의 표정과 복장, 말투와 인사태도, 목소리 등이 어우러져 결정된다.

전문가의 의견이 이를 뒷받침한다. 연세대학교 심리학과 김민식 교수는 "호감도를 빠르게 느끼는 것은 대상을 인식하기 이전에 감정에 대한 처리가 먼저 일어나기 때문"이라고 설명한다. 대상을 학력이나 자격증,

첫인상은 또 다른 이름의 이력서

영어점수 등의 객관적 자료로 판단하는 시간보다 '좋다', '나쁘다', '호감이 산다', '비호감이다' 등 감정적인 기준으로 판단하는 쪽이 빠르다는 것이다. 인사하기 전에 눈이 마주쳤을 때 자연스럽고 환한 미소를 지어보인다거나, 가벼운 목례로 눈인사를 전하는 지원자를 보면 끌림이 생긴다. 면접관을 사로잡고 싶다면 논리에 앞서 첫인상을 호감으로 이끄는 센스를 발휘해야 한다.

인상은 '첫번째 정보'로 결정된다

사람의 상태나 상황을 표현할 때, 어떤 단어를 먼저 사용하고 나중에 사용하느냐에 따라 우리는 그 정보를 달리 받아들이고 해석하게 된다. 이것을 초두효과라고 하는데, 쉽게 말하면 가장 먼저 나온 '단어'가 가장 중요한 정보로 작용해서 어떤 이미지를 판단하는 데 있어서도 첫번째 정보가 결정적인 역할을 한다는 이론이다. 즉 상대방이 '어떠하다'라고 일단 판단하게 되면 나중에 다른 사실을 알게 되더라도 그 사람에 대한 인상이 잘 바뀌지 않는다.

성균관대학 심리학과에서 시행한 '인상의 특성'(MBC 스페셜 〈첫인상〉)에 대한 실험이 바로 초두효과를 잘 설명하는 예다. 최훈석 교수의 연구에 따르면, 그룹을 두 개로 나눠 김 씨라는 동일인물에 대한 긍정적인 평가 단어와 부정적인 평가 단어를 사용했을 때 먼저 사용하는 단어에 따라 인물평가가 달라지는 것으로 나타났다.

실험을 구체적으로 보면, 두 그룹 가운데 A그룹에는 긍정적인 평가 단어가 먼저 제시되어 '지적이다→근면하다→추진력 있다→비판적이다

→고집이 세다→시기심이 많다'의 순서로 김 씨를 설명했다. 반면 B그룹에는 부정적인 정보가 먼저 제시되었는데, '시기심이 많다→고집이 세다→비판적이다→추진력 있다→근면하다→지적이다'의 순서로 나열되었다.

단어의 순서만 바꾸었을 뿐인데 실험 결과는 큰 차이가 발생했다. 먼저 긍정적인 단어부터 들었던 A그룹은 김 씨를 매력적인 사람으로 판단하며 친구로 지내고 싶다고 했다. 그러나 B그룹은 김 씨와 친구로 지내고 싶지 않으며, 친밀감을 형성하고 싶어 하지 않는 타입의 사람이라고 판단했다.

실험에서 보듯이 상대방이 나를 떠올릴 때 어떤 단어를 가장 먼저 생각할 것인가가 이미지 스펙에 있어서는 매우 중요한 역할을 하게 된다. 실제로 한 면접 현장에서 면접장에 들어와 자리에 앉기까지 소극적인 모습이었던 지원자 A와 명랑하고 경쾌한 첫인상을 준 지원자 B를 통해 초두효과를 경험했다. 처음에 느꼈던 소극적인 모습과는 달리 A는 봉사활동 경험도 더 많고 스펙과 인터뷰 스킬도 더 우수했다. 하지만 인터뷰를 하는 과정에서 첫인상이 좋았던 B에게 더 많은 관심을 가지고 질문을 하게 되었다.

면접 시 초두효과를 긍정적으로 활용하기 위해서는 첫인사를 할 때의 매너와 첫 질문에 대한 답변을 더 세심하게 신경 쓰는 것이 유리하다. 질의응답을 통해 재

첫인상은 또 다른 이름의 이력서

평가를 하게 되지만 처음에 좋은 인상을 준 사람에게 후한 점수를 주게 되기 때문이다. 지원자의 첫인상이 주는 초기 정보가 면접관의 판단과정에서 더 중요하게 작용하는 것이다.

첫인상의 마무리는 스타일링

"순수한 모습이네, 아직 학생이니까!"
"준비가 안 됐어, 자신감이 없어."

S보험 영업사원에 지원한 K. 면접이 끝난 후 면접관들은 K를 두고 서로 다른 목소리를 내고 있었다. 순수하다는 의견과 준비가 안 됐다는 입장이 대립했다. 결과적으로 K는 면접에서 계속 떨어졌고, 고민 끝에 컨설팅을 신청했다. K의 전체적인 분위기는 성실하고 책임감 있어 보였지만, 영업직을 지원하는 상황을 고려할 때는 호감이 형성되지 않았다. 덥수룩한 머리에 스리버튼 정장, 반짝이는 핑크타이까지 촌스러운 스타일인 데다 말투마저 자신감 없이 어눌해서 쉽게 신뢰가 생기지 않았다.

앞서 이야기한 것처럼, 이미지 스펙에서는 디테일한 스타일링까지 완성해야 전체적인 조화를 이룰 수 있다. K씨의 컨설팅 과정에서는 우선 헤어스타일을 바꿔 눈썹과 눈이 보이도록 시원하게 이마를 드러냈다. 깔끔하지도 않고 자신감도 없어보이던 스타일에서 벗어나 당당한 이미지를 만들었다. 그리고 영업사원으로서 신뢰감을 줄 수 있는 네이비 슈트에 진취적인

당신이 면접에서 떨어지는 이유 (잡코리아 조사: 기업 인사담당자 1056명 대상)

면접 때 감점 이미지_여성

1. 날카로운 인상(21.1%)

2. 무표정한 얼굴(17.5%)

3. 어두운 표정(13.2%)

4. 자신감 없어 보이는 인상(11.4%)

5. 짙은 화장(11.4%)

6. 우울한 인상이나 울상(5.3%)

면접 때 감점 이미지_남성

1. 자신감 없어 보이는 인상(25.1%)

2. 우울해 보이는 인상(15.1%)

3. 무표정(14.4%)

4. 날카로운 인상(12.9%)

5. 험상궂거나 무서운 인상(9.8%)

6. 얼굴빛이 좋지 않은 사람(4.5%)

7. 눈빛이 흐린 사람(4.0%)

느낌을 주는 버건디 컬러와 밝은 블루 컬러의 사선 스트라이프 넥타이를 하도록 추천했다. 영업직무 면접에서는 구두의 청결 상태가 중요한 체크 포인트이므로 면접 당일 구두를 깨끗하게 닦도록 조언했다.

또 하나의 문제인 가늘고 얇은 목소리는 영업사원으로서 심각한 취약 점이 될 수 있었다. 목이 아닌 배로 소리를 내 믿음직한 목소리를 가질 수 있도록 보이스 트레이닝을 통해 목소리의 볼륨감을 높이고, 어미를 명료 하게 조정하여 신뢰감 있는 보이스를 만들었다.

그 결과 K는 점점 매력적인 외모와 자신감 넘치는 태도를 갖추게 되었고, 몇 번의 면접을 더 본 끝에 원하는 직무에 최종 합격하는 기쁜 결과를 얻었다. 물론 스타일링의 변화만으로 취업에 성공한 것은 아닐 것이다. 다만 분명한 것은 그동안의 꾸준한 노력 위에 전반적인 이미지 업그레이드가 있었기에 가능했으리라는 점이다.

첫인상은 합리적이거나 정확하지 않다. 첫인상에 대한 오류를 최소화하기 위해 기업에서는 면접관 교육을 통해 지원자의 외적인 모습만이 아니라 내면을 보라고 가르치지만 면접관도 사람이기에 첫인상의 특성에 영향을 받기 마련이다.

같은 스펙의 지원자라도 첫인상에서 끌림의 스펙이 더해졌는지에 따라 전혀 다른 결과가 나올 수 있다는 것을 명심하자.

호감 주는 표정이
설득력을 더한다

"와우, 제가 면접관이라도 떨어뜨리고 싶을 것 같아요."

"웃을 때 표정이 왜 저렇게 어색하죠? 뭐가 문제일까요?"

면접 클리닉을 할 때 가장 많이 하는 컨설팅 기법이 면접 동영상 촬영이다. 본인의 면접 모습을 촬영한 뒤 직접 본인의 이미지를 체크하는 것이다. 때로는 자신의 모습을 본 학생들 스스로 자신의 표정에 감점을 주기도 한다. 자신이 면접관이라면, 자신과 같은 표정의 지원자들을 전혀 뽑고 싶지 않다는 것이다.

실제로 면접에서의 첫인상을 형성하는 데 가장 큰 비중을 차지하는 것이 바로 표정이다.

"면접관도 웃는 얼굴의 지원자에게 좀 더 호감을 느끼는 게 당연하지 않을까요?"

면접관은 표정을 통해 지원자의 습관과 인성적인 부분을 체크한다. 밝은 표정을 짓는 친근한 얼굴의 지원자는 외향적이고 낙천적이며 자신감 있다고 판단하고, 무표정하고 시무룩한 표정의 지원자를 보면 자신감 없고 소극적일 것이라고 판단하는 것이다.

"웃는 얼굴의 지원자에게 호감을 느낀다."는 한국방송광고진흥공사 최원선 과장의 말처럼 면접에서의 표정은 회사의 인재가 될 수 있는 가능성을 판단하는 기준이 된다. 더불어 지원자의 표정이 좋지 않으면 면접장이나 회사에 대한 부정적인 감정을 가지고 있다고 느끼게 되어 부정적인 결론을 위한 질문들이 이어질 수 있다. 인재가 될 수 있는 가능성이 희박해지는 것이다.

면접관에게 호감을 사고 싶은 구직자들이 가장 궁금해 하는 것은 면접이 진행되는 동안 어떤 표정을 지어야 하는가에 대한 문제다. 가끔 학생들 중에는 웃는 것이 좋은 표정이라는 생각으로, 면접을 보는 내내 억지로 웃으려고 애쓰기도 한다. 그러나 정작 면접관들은 면접 내내 웃는 지원자에게 불편함을 느끼기도 하고 실없다는 생각을 하기도 한다.

면접 인터뷰에서 가장 좋은 표정은 내가 면접관에게 주고자 하는 메시지와 일치되는 표정이다. 긍정적이고 감성적인 메시지를 주장할 때는 환하게 웃는 표정이 나의 메시지를 더 잘 전달해준다. 이성적이고 논리적인 메시지를 주장할 때는 진지한 표정이 오히려 더 설득력이 있다. 질문의 내용에 따라서는 웃는 얼굴을 억제하고 진지한 얼굴로 대답하는 것도 필요하다. 애매하게 미소만 짓고 있으면 지원하는 의지와 열정까지 의구심을 갖게 할 수도 있다.

어떤 표정을 지어야 할지에 대하여 구체적인 경우를 통해 꼼꼼히 살펴보자.

강해 보이거나 표정이 없다는 이야기를 듣는다면

표정이 좋지 않은 사람을 대하게 되면 우리는 '저 사람이 나에 대해 감정이 좋지 않구나. 뭔가 회의적으로 생각하는구나' 하고 판단하게 된다. 그렇게 되면 대화의 흐름이 자칫 부정적으로 이어질 수 있다. 그리고 그것이 면접 현장이라면 부정적인 결과로 이어질 확률이 높아진다. 일반적으로 표정이 좋지 않은 경우는 두 가지 원인을 생각할 수 있다. 하나는 원래 인상이 강한 경우이고, 다른 하나는 감정 표현이 서툰 탓에 표정이 없어 보이는 경우다.

실제로 컨설팅에서 만난 J는 책임감이 강하고 착한 성격으로 남 앞에서 싫은 소리를 못하는 성격이었다. 그러나 골격이 크고 산적 같은 눈썹 때문에 매번 면접에서 마이너스를 기본으로 받는다고 고민을 호소했다.

J 같은 지원자의 경우 이 두 가지 원리에 의해서 보완책을 찾아볼 수 있다. 전자의 경우는 눈과 눈썹의 형태 때문일 수 있는데, 이를 개선하려면 근본 원인인 눈썹의 모양을 바꾸거나 여성 지원자의 경우 눈 화장을 통해 해결이 가능하다. 예를 들어 너무 두꺼운 눈썹일 때는 세심하게 가다듬고 눈썹 산을 없애 둥근 모양을 만든다. 여성 지원자의 경우에는 눈 화장을 할 때 눈썹과 아이라인의 컬러를 브라운으로 바꾸고 아이라인 끝을 완만하게 처리하면 한결 부드러운 인상을 만들 수 있다.

호감 주는 표정이 설득력을 더한다

입꼬리만으로 표정이 풍부한 사람으로 변신할 수 있다.

　스스로 표정이 없다고 생각되거나 면접에서 비슷한 피드백을 받아본 지원자들은 감정 표현이 서툴거나 반응을 어떻게 해야 할지를 모르는 경우다. 이럴 때는 표정근육 훈련을 통해 문제해결이 가능하다. 얼굴 근육 중 표정을 만드는 근육은 세 가지로 입꼬리를 끌어올리는 '대협골근', 입꼬리를 옆으로 당기는 '소근', 아래에서 입꼬리를 지원하는 '구각(입꼬리)하제근'이다. 최소 두 달 이상 이 세 가지 근육을 단련하여 습관이 된다면 풍부한 표정이 있는 사람으로 변신할 수 있을 것이다.

잇몸이 두드러지게 보여서 신경 쓰인다면

"웃으면 잇몸이 보이는데 그게 너무 싫어서 일부러 입을 크게 벌리지 않아요."

　면접 컨설팅을 하다 보면 웃을 때 잇몸이 많이 보이는 '잇몸미소' 때문에 크게 웃는 것을 고민하는 지원자들을 종종 만나게 된다. 이런 경우 '잇몸미소' 자체의 문제보다는 잇몸이 콤플렉스가 되어 의도적으로 치아를 보이지 않으려고 한다. 그러다보니 표정이 어색해지고 결국 면접에서 비호감이 될 수도 있다. 하지만 면접 표정에서 중요한 것은 잇몸이 보이는가의 여부가 아니라, 밝은 표정으로 면접관에게 긍정적인 감정을 전달하는 것이다.

실제로 삼성전자 지세근 상무는 취업면접에 있어서 '잇몸미소'는 아무런 영향을 끼치지 않는다고 조언한다. 물론 소개팅 같은 경우는 이성으로 만나는 것이 목적이므로 '잇몸미소'가 마이너스 요인이 될 수 있다. 그러나 면접에서는 부분이 아니라 전체적인 인상을 본다. 첫인상은 지원자의 전체적인 느낌과 활짝 웃는 미소를 통해 형성되는 것이지 잇몸이나 덧니, 치열 같은 한 부분에 포인트가 있는 것이 아니다. 승무원처럼 서비스의 일부 직무에서는 매너적인 측면을 고려하여 '잇몸미소'를 안 보이게 하는 게 좋겠지만 일반 직무의 면접에서는 심리적으로 크게 상관이 없다.

그럼에도 '잇몸미소'가 콤플렉스로 느껴지는 사람은 잇몸이 보이지 않는 선의 입술 근육을 의식하면서 미소 짓는 연습을 해보자. 먼저 잇몸이 보이게 활짝 웃은 상태에서 양쪽 손으로 잇몸이 감추어지도록 윗입술을 끌어 내린다. 10초 동안 고정시켜 근육이 기억할 수 있도록 하고, 그때의 웃음 크기를 잘 기억해 미소 짓는 연습을 계속해본다.

자연스러운 표정을 위한 준비연습을 하고 싶다면

면접관 앞에서 억지로 미소를 지으려고 하면 얼굴근육이 떨리는 것처럼 경련이 일어날 수 있다. 자연스러운 표정을 연출하기 위해서는 평소부터

호감 주는 표정이 설득력을 더한다

준비를 하는 것이 좋다. 특히 입 주변 근육들을 부드럽게 만들 때는 발성 연습이 효과적이다. 입을 크게 벌려 '하', '히', '후,' '헤', '호'를 발음한다. 예쁘게 하려고 하지 말고 입을 최대한 크게 벌려 정확하게 입모양을 만든다. 속으로 다섯을 셀 동안 소리 내서 '하'를 발음한다. '하'가 끝나면 '히', '후', '헤', '호'를 하나씩 발음하면서 같은 방법으로 근육을 풀어준다. 이렇게 반복하다보면 근육이 기억하는 데 도움이 된다.

입 주변 근육을 더 부드럽게 만들기 위해서는 입에 공기를 가득 담아 왼쪽, 오른쪽, 위쪽, 아래쪽으로 옮기는 연습을 한다. 속도를 빠르게 할수록 근육은 더 부드러워진다.

준비운동이 끝나면 입꼬리 올리기를 해보자. 입꼬리가 위쪽으로 올라가면서 전체 치아 중 아래쪽 치아보다 위쪽 치아가 많이 보이는 미소가 긍정적이다. 매력적인 입꼬리를 만드는 가장 좋은 방법은 '위스키'를 하는 것이다. 나도 처음에는 입꼬리가 올라가지 않았는데, 지금은 일부러 입꼬리를 올리지 않아도 자연스럽게 올라가 있다. 이렇게 입꼬리를 올리게 된 비법이 바로 '위스키' 연습이다.

우리나라 사람들이 사진을 찍을 때 가장 많이 하는 '김치'라는 단어를 발음해보라, '김치'를 하면 입꼬리가 많이 올라가지 않고 위보다 아래치아가 많이 보여서 매력적이지 않다. '이'와 '으'를 동시에 결합할 때보다, '이' 발음만 하게 되면 입이 좁아지기 때문이다.

반면에 '위스키'를 발음해 보면, '우'로 수축했다가 '위 → '스'로 발음이 연결되며 입이 최대한 벌어지게 된다. '키'로 마무리하면 입꼬리까지 위로 당겨진다. 시간이 있을 때마다 '위스키'를 반복 연습하면 어느 순간 입꼬리가 올라가게 될 것이다.

자연스러운 미소는 끌림의 첫인상을 만드는 포인트.

면접 전 표정 훈련은 일종의 '온도 데우기' 역할을 할 수 있다. 면접 직전 구직자들은 긴장감이 심해져 얼굴이 떨리고 경련이 일어나거나 발음이 굳어 단어가 씹히거나 뭉개지기도 한다. 면접장에 들어가기 전 화장실에 가서 표정 훈련을 하자. 5분에서 10분 정도 연습을 하는데 사람이 없으면 소리를 내서 하는 것도 좋다. 표정 훈련이 몸을 이완시켜 신체 에너지를 활성화하면서 굳은 근육이 풀어지고 어색한 표정이 자연스러워지며, 표정에 대해서 연습했다는 심리적인 믿음 덕분에 면접에서도 자신감이 생긴다.

멋진 표정을 타고난 사람은 없다. 어떻게 호감 주는 표정을 만들 것인가를 인식하고 꾸준히 습관처럼 연습하면 면접뿐만 아니라 일상생활에서도 끌림의 첫인상을 만드는 중요한 포인트가 될 것이다.

호감 주는 표정이 설득력을 더한다

면접 패션에
공감요소를 넣어라

사람들은 비슷한 점이 많은 타인에게 끌리는 속성을 지니고 있다. 유사한 점이나 공통된 점이 많을수록 동질감을 느끼고, 서로에 대해 쉽게 신뢰감을 느낀다. 취업을 준비하는 구직자라면 당연히 이러한 점을 활용해야 한다. 입사를 희망하는 기업의 조직원과 비슷한 코드를 지닌 사람으로 어필하는 것은 상호간에 우리가 같은 편이라는 신뢰감을 불러일으키는 동시에, 상대방에 대한 관심과 배려를 표현하는 방법이 될 수 있다.

빌 게이츠Bill Gates의 '블랙슈트' 일화가 이를 잘 반영한다. 청바지와 셔츠를 즐겨 입었던 빌 게이츠는 IBM이 개인용 컴퓨터 소프트웨어 제작을 위해 마이크로소프트를 처음 방문했을 때도 편안한 청바지에 셔츠 차림이었다. 명함을 주고받을 때까지 IBM 간부들은 그를 마이크로소프트의 사장이 아닌 젊고 평범한 프로그램 기술자라고 생각했다. 그의 옷차림 때문이었다. 머쓱해진 그들은 제대로 미팅에 참여할 수 없었고, 미팅 테이블에도 어색함이 맴돌았다.

그리고 2차 미팅에서 재미있는 광경이 연출됐다. 빌 게이츠는 말끔한 검정색 슈트와 넥타이 차림으로 등장한 반면, IBM 간부들은 청바지와 셔츠 차림으로 회의실에 등장했다. 서로에게 맞추기 위해 자신들의 패션 스타일을 포기하고, 상대편이 편안함을 느낄 수 있는 스타일을 선택한 것이다. 이런 배려 덕분인지 그날 미팅은 IBM과 마이크로소프트가 돈독한 파트너로서 인연을 맺는 계기가 되었다.

비즈니스에서 가장 좋은 패션 전략은 상대를 배려한 복장이다. 본래 자신의 패션 스타일과 상관없이 함께 호흡을 맞출 상대방이 동질감을 느끼는 드레스코드를 택할 때, 큰 불편함이나 이질감 없이 서로에 대한 이해의 폭이 커진다.

면접 복장 역시 마찬가지다. 회사에서는 직원 한 명 한 명이 어떤 식으로든 조직의 이미지를 전달한다. 따라서 업무처리 능력 외에도 회사에서 어떤 복장을 하고 어떻게 행동하기를 기대하는가에 따라 자신의 이미지를 맞춰야 한다. 이런 이유로 회사마다 복장 규정이 존재하고 직무별로 비즈니스 복장이 다른 것이다.

직장인이 되는 첫 관문인 면접에서도 회사의 문화와 직무 성격에 맞는 면접 복장을 준비한다면 더 좋은 인상을 줄 수 있다. 특히 지원하는 업종, 직무의 전반적인 성격과 문화 등을 고려해 복장을 선택했을 때, 면접관과 구직자 사이에 뭔가 '통하는 기류'가 형성될 수 있다. '우리 회사의 분위

면접 패션에 공감요소를 넣어라

기를 알고 있구나', '우리 직무 특징을 파악한 복장을 선택할 정도의 이해도가 있구나', '업계 동향과 특징을 알고 있구나' 하는 무언의 공감이 형성되는 것이다.

총무팀이나 영업관리, 비서직에 지원하는 여성의 경우는 트렌디한 정장보다 포멀한 정장을 선택하는 것이 현명하다. 외근보다는 사무실 내부에서 하는 업무가 많기 때문이다. 또한 전통적인 부서는 나이 차이가 많은 상사와 함께 업무를 하는 경우가 많기 때문에 단정한 치마 정장을 추천한다. 지원업무의 성격을 띠는 부서 면접 시에는 독립적이고 강한 콘셉트의 복장보다는 밝고 친근한 이미지로 연출하는 것이 적절하다. 여성 지원자의 경우 남성적인 느낌을 주는 셔츠와 바지 복장보다는 부드러운 느낌을 줄 수 있는 블라우스와 치마 복장이 호감을 주기에 더 유리하다.

반면 구매팀이나 품질관리 직무는 좀 더 강한 복장으로 연출하는 것이 좋다. 최전선에서 비용을 절감하고, 품질개선을 위해 적극적으로 현장에 개입해야 하기 때문에 당당하고 적극적인 성격이 드러나는 복장을 선택하는 게 요령이다. 이러한 부서에 지원하면서 긴 원피스에 긴 헤어스타일로 면접을 보면, 고정관념이기는 하지만 과연 우리와 잘 호흡할 수 있을까 하는 염려가 먼저 생기게 된다. 바지 정장과 셔츠로 살짝 남성적인 이미지를 덧붙이는 것이 면접관과 공감코드를 형성하는 좋은 방법이다.

이미지 포지셔닝 맵

면접 복장을 선택할 때 기준이 되는 지원 직무에 따른 '이미지 포지셔닝 맵'을 그려봤다. 다음 직무별 '이미지 포지셔닝 맵'은 기업 실무자 100명을 대상으로 직무별 이미지 포지셔닝을 보수적, 감각적, 부드러움, 강함이라는 4대 요소에 근거해 1점부터 5점까지 수치화한 10개 문항을 모두 합산한 그림이다.

세로축은 '보수적'과 '감각적'에 대한 선호도다. '보수적'은 포멀한 정장을 선호하는 것으로 '단정한 스타일을 선호하는가?'에 대한 평가다. 반대 축에 있는 '감각적'은 트렌디한 정장을 선호하는 것으로 '창의성과 감각이 중요한 직무인가?'에 대한 평가다.

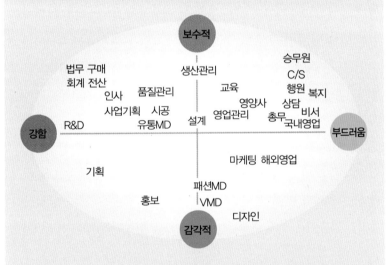

가로축은 '강함'과 '부드러움'에 대한 선호도다. 강함은 남성적인 이미지를, 반대 축에 있는 부드러움은 여성적인 이미지를 선호하는 것이다. 여기서 남성적이라는 것은 당당함과 차분함을, 여성적이라는 것은 친근함과 활동성을 말한다.

면접 패션에 공감요소를 넣어라

성공적인 면접을 위한 자세, 매너 매뉴얼

가슴에 수험표를 단 채 잔뜩 긴장한 지원자들의 표정이 제각각이다. 두리번거리며 혹시 아는 얼굴이 있는지 살피는 지원자 A, 본인보다 외모나 복장이 더 월등한 지원자는 없는지 체크하는 지원자 B, 회사 홍보물을 열람하며 면접 준비를 하고 있는 지원자 C, 긴 대기시간에 지쳐 졸고 있는 지원자 D, 급하게 오느라 아침을 먹지 못해 뭔가를 먹거나 긴장을 해소하고자 껌을 씹는 지원자 E, 자신을 응원해주는 부모님이나 친구와 카톡을 하며 면접 포부를 다지는 지원자 F 등. 이 지원자들 가운데 어떤 모습이 정답일까? 면접 진행요원인 인사팀 막내 L은 이들의 모습을 한 명 한 명 주시하고 있다. 인사팀 상사가 L에게 묻는다.

"대기실 분위기는 어땠어?"

실제로 대기실에 CCTV를 설치한 기업도 있다. CCTV로 지원자를 '남몰래' 관찰하는 까닭은 그 사람의 '기본'을 살피기 위해서다. 사람의 기본은 행동을 통해 드러난다. 여기서 말하는 기본은 인사담당자가 평가하는 공통역량 중 대인관계를 결정하는 요소다.

프로이트의 정신분석에 따르면 사람의 마음은 의식, 전의식, 무의식 등 삼원구조로 나뉜다. 우리가 자각하고 있는 의식은 빙산의 일각에 불과하고 그 밑에 거대하게 숨겨져 있는 것이 무의식이다. 평소엔 잘 인식되지 않지만 주의를 기울이면 알아차릴 수 있는 전의식적 과정이 중간이다. 결국 기업이 남몰래 지원자를 관찰하는 것은 그들의 전의식과 무의식적 모습을 관찰함으로써 조직에 들어왔을 때 그들의 태도나 습관을 읽을 수 있는 단서를 찾기 위해서다.

놓치기 쉬운 면접 매너, 지금부터 하나씩 알아보자.

입실할 때 핵심은 정중한 태도

대기실에서는 호명될 때까지 준비한 서류나 홍보물을 읽으며 긴장을 푼다. 자신의 이름이 호명되면 큰소리로 대답한다. '똑똑똑' 노크를 세 번 정도 하고 2초 정도 잠시 멈췄다가 "들어오세요"라는 소리가 나면 문을 열고 들어간다.

문을 여는 순간 면접관과 눈이 마주치면 가볍게 목례하고 눈인사를 하고 제자리로 걸어간다. 이때 허리와 어깨를 펴고 당당한 모습으로 걸어들어가 준비된 의자 앞에 선다.

성공적인 면접을 위한 자세, 매너 매뉴얼

선 자세의 핵심은 자신감 있는 아이컨택

"한 분씩 확인하겠습니다. 지원번호 1115번 지수현 씨."

　면접관이 지원자를 바라보며 서류에 있는 사진과 이름을 확인한다. 지원자는 선 자세로 면접관과 처음 아이컨택이 이루어진다. 선 자세가 중요한 이유는 첫인상이 형성되는 순간이기 때문이다. 바른 자세는 면접관으로 하여금 적극적이고 패기 있는 첫인상을 가지게 한다.

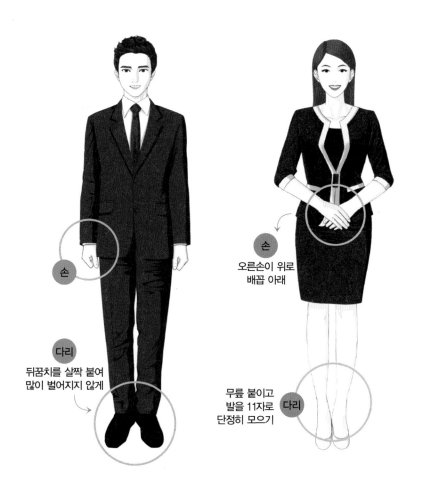

손

다리
뒤꿈치를 살짝 붙여
많이 벌어지지 않게

손
오른손이 위로
배꼽 아래

무릎 붙이고
발을 11자로
단정히 모으기

다리

표정은 미소를 유지하고, 허리와 어깨를 편 상태에서 양팔과 손은 힘을 빼 자연스럽게 옆에 둔다. 남성의 경우 양팔을 내려 살짝 주먹을 쥔 채로 바지 봉제선 옆에 둔다. 발은 뒤꿈치를 붙이거나 살짝 뗀 상태를 유지하여 벌어지지 않도록 한다. 여성의 경우 양손을 모으고 손톱이 보이지 않도록 오른손을 위로 올려 배꼽 아래에 자연스럽게 둔다. 무릎은 붙이고 양발은 11자가 되게 일직선으로 모은다.

인사 자세의 핵심은 절도 있는 자세

얼마 전 한 대학 강의실에서 만난 K는 하소연을 했다.

"면접을 보러 가서 저는 인사멘트를 먼저 하고 동작을 했는데, 다른 지원자는 동작을 먼저 하고 인사멘트를 하는 걸 보고 저만 잘못한 게 아닌가 걱정이 됐어요. 퇴실할 때도 동작을 먼저 할지 멘트를 먼저 할지 고민이 되더라고요."

평상시에 늘 하는 인사지만 면접에서 당황하게 되는 인사매너에 대해 살펴보자.

면접인사의 주요 포인트는 두 가지다. 첫째, 인사멘트를 먼저 하고 동작을 한다. 평상시에 하는 인사는 멘트와 동작을 함께하지만, 면접에서는 "안녕하십니까?"를 크게 외치며 멘트를 하고 그다음 동작을 한다. 둘째, 목을 숙여서 하는 인사는 정중하지 못하므로 허리를 숙여서 인사를 한다. 머리끝부터 허리까지 일직선이 되도록 하는데, 이때 허리를 숙이면서 잠시 멈췄다가 일어나면 절도 있는 느낌을 더할 수 있다. 인사를 하면서 계속 면접관을 바라보면 어색하므로 시선은 자연스럽게 아래를 향

성공적인 면접을 위한 자세, 매너 매뉴얼

하도록 한다. 인사의 처음과 끝은 밝은 미소를 유지한다.

그런데 입실하고 퇴실할 때에는 어떤 인사를 하면 좋을까?

인사는 목례, 보통례, 정중례 세 가지가 있는데 상황에 맞는 인사를 하는 것이 중요하다. 목례는 눈인사로, 인사멘트 없이 가볍게 15도를 숙이는 인사다. 면접장에서 입실할 때 문을 열고 들어간 다음, 퇴실할 때 문을 닫고 나오면서 하는 인사가 목례다. 면접에서 면접관에게 하는 인사는 보통례로, 인사멘트와 함께 30도를 숙이는 인사다. 더 많이 45도로 숙이는 인사는 정중례로, 고객에게 서비스를 하거나 잘못한 일이 있을 때 또는 무척 감사한 일이 있을 때 하는 특별한 인사다.

앉은 자세의 핵심은 습관 몸짓 숨기기

"면접장에 들어가면 똑바로 앉을 거예요."라고 모든 지원자가 말하지만 우리 몸은 평상시 습관을 기억하고 있어서 무의식적으로 나타난다. 의자 뒤로 기대앉아서 거만한 이미지를 주는 지원자, 다리가 너무 벌어져 '쩍벌남'이 되는 지원자, 스커트를 입고 무릎이 벌어진지도 모르는 지원자, 다리를 불량스럽게 떨고 있는 지원자 등 자신도 모르는 무의식적인 모습을 면접관은 지켜보고 있다.

의자 끝에 걸터앉지 않고 엉덩이를 깊숙이 넣어 의자 등받이에 붙여 앉는다. 다리가 짧은 경우는 발이 바닥에서 떨어지지 않도록 다리 길이를 조정한다. 단, 등은 의자 등받이에서 주먹 하나가 들어갈 정도로 띄어 앉고 허리를 곧게 편다.

남성의 경우 다리를 어깨 정도로 벌려주고 발뒤꿈치가 좁아들지 않게

11자를 유지하도록 한다. 여성의 경우는 발이 11자가 되도록 가지런히 모으고 무릎을 붙인다.

긴장을 하면 무의식적으로 손을 뜯거나 손가락을 꼼지락거리는 등 산만한 제스처가 나오는데, 이는 정서가 불안해 보인다. 이를 방지하기 위해 손은 움직이지 않게 의식적으로 고정시킨다. 여성의 경우 오른손이 위로 올라가도록 양손을 포개어 허벅지 위에 두고, 남성의 경우 가볍게 주먹을 쥐어 무릎에 올린다.

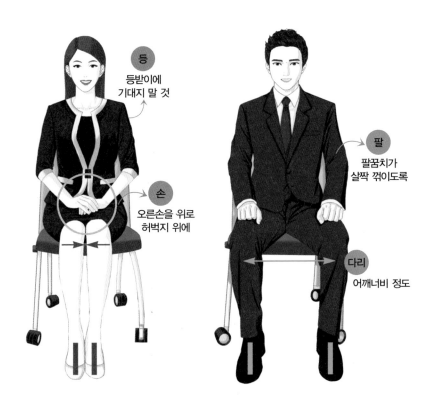

　　　　　　　　성공적인 면접을 위한 자세, 매너 매뉴얼

퇴실 매너의 핵심은 정중한 마무리

면접관이 "수고했습니다", "나가보셔도 좋습니다"라고 말하면 면접이 끝나는데, 자칫 빨리 면접장을 벗어나려는 마음에 서두를 수가 있다. 고개만 까딱하고 퇴실하는 등 자세가 흐트러지거나 답변을 잘 못했다고 위축된 모습을 보이는 것은 바람직하지 않다.

면접이 끝나면 "감사합니다."라는 인사로 마무리하고 나간다. 마지막에 문을 닫는 경우에는 면접관을 향해 가벼운 목례로 마무리한다. 퇴실 후 건물 밖으로 나올 때까지도 면접은 계속된다. 문을 나서자마자 전화로 면접 상황에 대해 수다를 떨거나 불량한 태도를 보이는 것은 매우 위험한 행동이다.

면접 자세와 매너는 많은 연습이 필요하다. 평소에 익숙하지 않은 상황이기 때문에 어색하기도 하고 몸에 잘 배어 있지도 않다. 반복 훈련을 통해 자연스럽게 표현되도록 한다. 자세를 의도적으로 변화시키면 긍정적인 감정과 사고를 갖는 데 도움이 될 수 있다는 연구결과가 있다. 긍정적인 자세와 매너를 반복해서 연습한다면 더 자신감 있는 사람이 될 수 있다.

증명사진
NG 스타일

이력서에서 증명사진은 상상하는 것보다 큰 비중을 차지한다. 무엇보다 이력서 상단에 위치해 가장 먼저 인사담당자의 눈에 띄는 만큼 면접관은 자신도 모르는 사이에 직관, 즉 선입견을 갖는다. 선입견은 미리 접한 정보로 이미 마음속에 형성되는 고정적인 관점을 말하는데, 이력서의 증명사진이 이런 선입견을 형성하는 요소인 것이다.

사진이 주관적인 요소로 활용되는 예는 설문조사에서도 확인할 수 있다. 기업 인사담당자 776명을 대상으로 '채용 시 입사지원서 사진 평가 여부'에 대해 설문조사를 한 결과, 절반 이상인 54.3퍼센트가 '평가한다'고 답했다. 그 이유로는 '성격이나 성향을 가늠해볼 수 있어서'(57.7%,

복수응답)를 첫번째로 꼽았다. 다음으로 '사진을 통해 준비 수준을 파악할 수 있어서'(36.8%), '외모가 준수하면 호감이 가서'(24%), '외모도 경쟁력이어서'(15.7%), '업종과 직종 특성상 외모가 중요해서'(11.9%) 등의 의견이 있었다. 이처럼 증명사진은 면접에서 호불호의 조건으로 영향을 미친다.

이 장에서는 면접관에게 부정적인 선입견을 형성하는 증명사진 NG 스타일을 살펴보자.

정장을 입지 않은 사진

어떤 직무에 지원하더라도 정장을 입고 찍는 것이 증명사진의 기본이다. 정장은 직장인으로서의 준비가 되었다는 신호이자 기업에 대한 매너인 것이다.

증명사진을 찍을 때 실제 면접처럼 다양한 스타일의 정장이 필요하지는 않다. 3×4센티미터 공간이라는 사진의 특성상 지원자의 패션 스타일을 체크하기보다는 면접의 기본을 갖추었는가를 보기 때문이다. 남성의 경우 재킷, 셔츠, 넥타이를 갖추었는가, 여성의 경우 재킷, 이너웨어를 갖추었는가가 체크 포인트인 셈이다.

증명사진 촬영을 위해 일부러 정장을 구입할 필요는 없다. 요즘은 취업 증명사진을 전문으로 하는 사진관의 경우 기본 정장을 갖춘 곳들이 많다. 또한 증명사진 촬영을 위해 기본 면접 복장을 대여해주는 렌탈샵을 이용하면 저렴한 비용에 의상을 이용할 수 있다.

증명사진 촬영용 정장과 실제 면접용 정장은 다르다. 사진의 특성상

면접에서 불이익을 받을 수 있는 지나친 뽀샵.

패턴이 많거나 컬러가 어두운 경우 깔끔하게 나오지 않는다. 증명사진
을 찍을 때는 남성의 경우 흰색 셔츠에 밝은 컬러의 무늬 없는 솔리드 넥
타이가 좋다. 여성의 경우에는 칼라가 있는 재킷과 목이 드러나는 이너
웨어가 좋다. 목이 올라오는 이너웨어는 답답한 인상을 줄 수 있기 때문
이다.

　증명사진에서의 복장은 개성이 아니라 매너라는 것을 기억하자.

너무 과한 포토샵 사진

　"눈이 좀 작아요, 앞트임 좀 해주세요."

　"볼살이 너무 통통하게 나온 거 같은데, 갸름하게 손봐주세요."

　취업난이 심화되면서 이력서 사진을 '뽀샵'으로 성형하는 사례가 적지
않다. 그러나 모 기업 인사팀장은 지나치게 포토샵을 한 사진은 면접에서
불이익을 받을 수 있다고 염려한다.

　　　　　　　　　　　　　　　　　증명사진 NG 스타일

획일화된 증명사진은 오히려 직무에 따라 반감을 줄 수도 있다.

"사진과 실제 외모가 너무 달라서 놀란 경우가 있습니다. 너무 수정을 많이 하면 오히려 당당함이 부족해 보이고 회사를 속이려고 한 것 같아 진실성이 의심스럽기도 하죠."

취업포털 '사람인' 의 설문에서도 입사지원서 사진과 면접에서의 실제 모습이 심하게 다를 경우 39.7퍼센트가 '감점이나 불이익' 을 주는 것으로 나타났다.

'뽀샵' 은 면접관이 수용 가능한 범위에서만 하도록 하자.

획일화된 이미지의 사진

구직자를 컨설팅하다 보면 증명사진에는 공식이 있는 듯하다. 파란색 배경에 치아는 여덟 개가 보이는 것이 좋다는 등의 인식 하에 모두 같은 이미지로 획일화된 사진을 선호한다. 그러나 실제 현장에서 느끼는 감정은 다르다. 왜냐하면 외모가 대중적인 가치로 환산되는 승무원, 서비스, 비서직 직무의 경우에는 파란 배경과 치아를 드러낸 미소가 장점일 수 있지만, 그 외 직무의 경우는 인위적인 사진이 오히려 반감을 줄 수 있기 때문이다.

표정은 인위적으로 너무 치아를 드러내려고 애쓰지 않아도 된다. 굳이 치아를 드러내지 않아도 입을 다물고 입꼬리가 살짝 올라간 정도면 충분히 호감을 줄 수 있다. 또한 증명사진의 배경은 어둡지 않은 무채색 계열이면 된다. 흰색도 좋고 밝은 회색이나 브라운의 경우 사람을 또렷하게 만들어준다. 단 얼룩덜룩한 배경은 분위기가 어두워지므로 피하는 것이 좋다.

긴 머리를 늘어뜨린 헤어스타일 사진

여성의 경우 긴 머리를 앞으로 늘어뜨리는 헤어, 컬이 심한 헤어, 염색 헤어는 모두 NG다. 이력서의 증명사진은 커리어우먼이 정석임을 알고 있지만 의외로 귀신처럼 늘어뜨리는 긴 헤어스타일을 하는 사례가 적지 않다.

긴 머리의 경우 사진을 찍을 때는 앞으로 늘어뜨리지 말고 하나로 묶어야 한다. 특히 서비스 계열을 지원하거나 이마가 예쁜 경우에는 이마를 드러내고 깔끔하게 묶는 머리가 좋다. 물론 머리를 묶을 때 꼭 이마를 드러낼 필요는 없다. 이마가 넓거나 큰 얼굴, 턱이 발달되어 각진 얼굴, 이마가 3자인 경우에는 오히려 이마를 가리는 편이 좋다. 이럴 때는 머리를 앞쪽으로 내려 이마와 귀를 살짝 가리면서 하나로 묶어준다. 증명사진을 찍을 때는 반 묶음 머리도 가능하다.

증명사진 NG 스타일

긴 머리를 앞으로 늘어뜨리는 헤어스타일은 NG.

남성의 경우에도 염색 헤어, 덥수룩한 헤어, 눈썹을 가린 헤어스타일은 모두 NG다. 이마가 드러나게 앞머리를 올린 헤어는 깔끔한 이미지를 준다. 이마가 넓거나 머리숱이 없어서 이마를 드러내기가 부담스러운 경우 눈썹을 가리지 않는다면 앞머리가 있어도 괜찮다. 앞머리가 있는 경우는 구레나룻을 귓불보다 짧게 하는 것이 단정한 느낌을 준다.

진한 메이크업 사진

증명사진 촬영을 위해 전문가에게 메이크업을 받는 지원자가 늘고 있다. 그러다 보니 가끔 신부화장 같은 메이크업으로 사진을 찍는 구직자가 있다. 물론 사진 촬영을 할 때는 조명 때문에 평소보다는 진한 메이크업을 해야 효과를 볼 수 있다. 그러나 과한 메이크업은 자칫 거부감을 줄 수 있다는 점을 명심하자.

사진 촬영을 할 때는 실제 면접에서는 사용하지 않는 컬러 컨트롤 베이스로 피부톤을 보정하는 피부화장과 사진의 특성을 살린 하이라이트에 신경을 써 화사한 인상을 주도록 한다. 그러나 또렷한 이목구비를 강조하기 위한 진한 눈썹과 과장된 아이라인, 인조 속눈썹, 언더라인까지 강조한 눈 화장은 오히려 마이너스다.

사진을 보면 그 사람을 유추할 수 있다. 면접에서 호감을 주고 싶다면 증명사진부터 제대로 준비하자.

증명사진 NG 스타일

직무 역량 돋보이게 하는 스타일링

남성편

면접관이 반하는 슈트는
따로 있다

　강의가 끝나고 삼삼오오 모여 질문을 하는 학생들의 고민을 듣다 보면 많은 남성 구직자들의 경우 엄마나 여자친구의 조언으로 옷을 구입한다는 것을 알 수 있다. 이때 엄마는 아빠의 출근용 슈트를 기준으로 품이 넉넉한 핏의 포멀한 정장을 추천한다. 그리고 구직 당사자들은 너무 촌스러운 스타일이라며 엄마와 실랑이를 벌인다. 반면 여자친구는 연예인 화보에서 익숙하게 보아온 트렌디한 정장을 권한다. 이를테면 최근 유행하는 원버튼 재킷, 포켓치프, 장식이 돋보이는 단추 등 잡지에 나올듯한 스타일들 말이다. 여기에 매출을 올리려는 매장 직원들은 원단과 스타일을 이유로 가장 비싼 제품을 권하는 경우가 대부분이다.

엄마와 여자친구, 매장 직원의 조언 모두 나름대로 일리가 있고 합당한 부분들이 있지만 문제는 이들의 조언에는 직무 고려성이 부재하다는 점이다.

우선 정장을 입는 목표부터 분명히 하자.

면접 복장으로서 정장의 목표는 '직무적합성'이다. 덜 감각적이라 하더라도 면접관이 좋아할 만한 정장이 정답이다. 면접관도 만족하고 나의 체형도 고려한 정장의 기준을 살펴보자.

정장 선택의 기준은 바로 '컬러'

"그런데 꼭 블랙 정장을 입어야 면접에서 유리한가요? 얼마 전에 이미지 메이킹 강의를 들었는데 면접 때는 꼭 블랙 슈트에 화이트 셔츠를 입으라고 해서요. 저는 네이비 정장밖에 없는데, 새로 사야 할까요?"

강의가 끝나고 한 남성 구직자가 다가와 질문한다. 이 학생은 이미지 메이킹 강의에서 면접 복장에 가장 기본적이고 적당하다며 블랙 슈트를 정답처럼 권해, 자신이 갖고 있는 네이비 컬러를 입으면 안 되는 것인지 헷갈려 하고 있었다. 이미지 메이킹 강사가 무조건 면접에서는 블랙 슈트가 정답이라고 조언했다는 것이다.

그러나 내 생각은 다르다. 지원직무와 기업의 문화를 고려하지 않은 채 모두 같은 모습으로 통일하는 것은 오히려 바람직하지 않다. 더욱이 구직자의 피부톤과 생김새를 고려하지 않고 선택했다가 피부톤이 더 어둡고 우울해 보이는 경우가 생기기도 한다.

정장 슈트는 블랙, 네이비, 그레이, 브라운 네 가지인데 면접에서는 모

면접관이 반하는 슈트는 따로 있다

두 가능하다. 단, 각 컬러별 장단점을 알고 선택하는 것이 현명하다.

블랙 슈트는 보수적이고 단정하다는 장점과 강하고 날카로운 이미지를 준다는 단점이 있다. 공무원이나 공기업, 관리직무 등 보수적이고 단정한 패션을 선호하는 면접관을 만나야 하는 구직자라면 블랙을 선택하는 것이 좋다. 네 가지 컬러 중 가장 포멀하고 다른 어떤 컬러보다 정중하고 성실한 이미지를 연출하기에 안성맞춤이다. 그러나 눈빛이 강하고 눈썹이 짙어 종종 강해 보인다는 오해를 사는 구직자라면 피하는 것이 좋다.

비즈니스에서 가장 신뢰감을 주는 컬러는 단연 네이비다. 네이비는 곤색, 감청색, 남색을 통칭하는데 블루컬러가 주는 신뢰감 때문에 영업이나 마케팅처럼 사람들을 많이 만나는 활동적인 직무에 지원하는 구직자라면 깔끔하고 분명한 인상을 줄 수 있다. 짙은 네이비는 보수적이면서 성공적인 이미지를, 밝은 네이비는 감각적이고 자유로운 활동적인 이미지를 줄 수 있다.

그레이 슈트는 톤에 따라 상반된 이미지가 가능하다. 밝은 그레이 정장에 광택이 나는 일명 '은갈치 정장' 은 가볍고 화려한 이미지를 주어 면

접에서는 절대 입지 말아야 할 '금기컬러'이다. 반면 다크 그레이나 차콜 그레이는 슈트의 기본 컬러로 점잖고 차분한 이미지를 준다. 동안의 얼굴이나 화려한 이미지의 구직자에게는 중후하고 지적인 이미지를 주는 장점이, 노안의 구직자들에게는 과장님처럼 보이는 단점이 있다.

한편 브라운 슈트는 면접 정장보다는 캐주얼 정장일 때 적당하다. 소개팅이나 파티, 행사장에서는 세련된 멋을 보여줄 수 있지만 면접 복장으로는 튈 수 있어 조심스러운 부분이 있다. 특히 우리나라 사람의 피부색과 어울리지 않아 피부톤이 상대적으로 어두워 보일 수 있고, 셔츠와 넥타이를 연출하기가 어렵다는 단점도 있다.

물론 브라운 컬러 정장이라고 모두가 소화하기 힘든 것은 아니며, 가장 많은 구직자들이 선호하는 블랙 컬러 정장이라고 해서 모두에게 어울리는 슈트라고도 할 수 없다.

블랙 슈트 정장을 선택했지만 NG 복장으로 결론이 났던 구직자 P의 사례가 떠오른다. P는 구직자들 사이에서 '면접의 정석'이라 불리는 블랙 슈트에 흰 셔츠, 블루타이를 하고 있었다. 하지만 워낙 동안이고 왜소한데다가 인사직무를 지원하는 P에게는 축약색인 블랙 컬러가 어린 이미지를 더 강조하는 스타일이 되고 말았다. P에게 구직자들이 일반적으로 선호하지 않는 차콜그레이 정장에 와인색 타이를 추천하자 처음보다 한층 중후한 느낌이 들었다.

정장 선택에 있어 컬러는 매우 중요하다. 하지만 무엇보다 개개인의 생김새와 지원할 직무성격, 기업의 조직문화 등을 고려해 선택할 때 최선의 컬러가 나올 수 있음을 기억하자.

디테일 이미지를 좌우하는 '라펠 & 벤트'

정장은 군복에서 유래되었는데 군복의 맨 윗단추를 풀어 양쪽으로 펼쳐 입은 모양이 '라펠'이고, 군인들이 말을 쉽게 타고 내리기 위해서 만들어 진 것이 '벤트'다. 라펠과 벤트에 따라 다양한 정장 스타일이 완성된다.

라펠은 정장 앞부분에 있는 옷깃을 말하는데, 라펠 끝이 들어가 있는 '노치드 라펠'과 뾰족하게 나와 있는 '피크드 라펠' 두 가지가 있다. 노치드 라펠은 보수적이고 부드러운 이미지를, 피크드 라펠은 감각적이고 날카로운 이미지를 만든다. 요즘은 라펠의 폭을 넓게 하거나 좁게 만드는 디자인들이 많으므로 폭도 잘 살펴봐야 한다. 폭을 변형한 라펠은 멋을 부린 이미지로 보일 수 있는데, 면접 슈트를 선택할 때는 기본 라펠인 7.5 센티미터가 적당하다.

정장 상의 뒤편의 트임을 벤트라고 한다. 벤트는 양쪽으로 트임이 있는 '사이드벤트', 가운데 트임이 있는 '센터벤트', 트임이 없는 '노벤트'로

노치드 라펠

피크드 라펠

| 사이드벤트 | 센터벤트 | 노벤트 |

나눌 수 있다. 원래 벤트는 움직임을 편하게 하는 기능이었는데 지금은 체형을 보완해주는 역할을 한다. 사이드벤트는 엉덩이가 크거나 배가 나온 경우 더 부각되므로 엉덩이가 크고 풍뚱한 체형이라면 센터벤트를 선택하는 것이 슬림해 보인다. 반면에 센터벤트는 키가 작아 보이기 때문에 키가 작고 왜소한 체형이라면 사이드벤트가 좋다. 노벤트는 장시간 보는 면접에서는 불편할 수 있다. 벤트는 체형을 고려해 선택하도록 한다.

얼굴의 착시효과를 일으키는 '버튼 & V존'

패션에서는 얼굴은 작게, 몸은 슬림하게 보이는 착시효과가 중요한데 착시효과는 옷을 입었을 때 평소보다 전체적인 비율이 좋아지는 현상으로 일어난다. 좋은 비율은 상대를 더 매력적으로 받아들이게 만든다. 모나

면접관이 반하는 슈트는 따로 있다

리자, 다비드상 등이 황금비율을 적용해 사람들에게 긍정적 효과를 자아낸 대표적 케이스다. 면접이나 처음 사람을 대할 때 그 사람의 전체적인 느낌을 조율하는 것이 다름 아닌 비율이다. 얼굴이 작아 보이고 팔다리를 길어보이게 하는 효과로 이른바 '개개인의 황금비율'을 맞춰준다면 훨씬 더 호감을 주기에 유리하다고 판단된다.

면접에서는 버튼과 V존이 이 전체적인 느낌을 조율하는 역할을 한다. 남성 슈트는 원버튼, 투버튼, 스리버튼이 일반적이다. 세 가지 중 감각적인 느낌을 주는 것은 원버튼이지만 클래식이 아니기 때문에 활동적인 직무를 지원할 때 좋다. 보수적인 직무를 지원하는 경우라면 투버튼과 스리버튼이 좋은 선택이다.

버튼을 선택할 때 함께 고려해야 할 부분이 V존의 깊이다. V존은 양쪽 라펠이 만나서 이루는 V자 모양을 말하는데, 남자의 얼굴 인상에 착시를 일으키는 것이 바로 이 V존의 깊이다. 큰 돌 위에 큰 돌을 올렸을 때보다 작은 돌 위에 큰 돌을 올렸을 때 더 커 보이는 것이 바로 착시다.

얼굴이 크고 하관이 넓은 남성은 V존의 폭을 넓게 해야 상대적으로 얼굴이 작아 보이고 안정감이 있다. 얼굴이 작고 갸름하며 목이 긴 남성이라면 V존의 폭이 좁아도 상관없다.

일반적으로 투버튼은 스리버튼보다 V존이 깊게 나오지만 요즘 정장들은 원버튼, 투버튼, 스리버튼 상관없이 V존의 폭이 제각각이다. 정장을 구입할 때는 꼭 버튼을 채워 보고 V존의 폭을 확인하자.

그렇다면 버튼을 채우는 방식은 어떻게 될까? 재킷의 버튼은 다 채우는 것이 아니다. 원버튼은 채워야 하지만, 투버튼은 윗단추만 채우면 되고, 스리버튼은 위의 두 개 단추를 채우거나 가운데 단추 하나만 채운다. 정장 버튼은 앉을 때는 풀어주는 것이 원칙이지만 면접장에서는 버튼을 풀지 않는 것이 단정해 보인다.

바지는 길이 체크가 관건

평상시 슈트와 면접용 슈트의 차이점은 바지 길이다. 일반적인 바지 길이는 구두 위를 살짝 덮는 것이지만, 면접에서는 이보다 1.5센티미터 길게 입는다. 자리에 앉게 되면 서있을 때보다 바지 길이가 1.5센티미터 정도 올라가게 되는데, 이를 간과하면 면접장에서 혼자 민망한 느낌을 받기 때문에 몰입도가 떨어진 상태로 면접을 볼 수 있다. 면접 슈트는 서 있을 때가 아니라 앉았을 때의 핏이 중요하다는 것을 기억하자. 최근 디자인이 강조된 슈트는 바지 길이가 짧고 바지통이 좁은 경우가 많은데 면접에서는 가볍게 보일 수 있으므로 주의해야 한다.

다리가 길어 보이고 싶다면 '노턱바지'와 '커프스단을 푸는 것'이 포인트다. 노턱바지는 바지 허리부분에 주름이 없는 바지를 말한다. 바지는 주름에 따라 주름이 없는 '노턱바지', 주름이 하나 있는 '원턱바지', 주름이 두 개 있는 '투턱바지'로 나뉘는데 필요에 따라 선택할 수 있다. 배가 나오고 살찐 체형의 경우는 주름이 있어야 편하게 입을 수 있으므로 원턱바지가 좋다. 노턱바지는 주름이 없어 상대적으로 폭이 좁아지므로 다리가 길어 보이는 효과를 준다.

바지 밑단을 접어올리는 것을 '커프스단을 올린다'고 하는데, 흔히 바지단을 고정시키기 위해서 올리지만 최근에는 디자인적인 측면에서 올리

면접관이 반하는 슈트는 따로 있다

는 경우가 있다. 면접에서는 다리가 길어 보이고 활동적인 느낌을 주기 위해서 '커프스단을 푸는 것'이 좋다.

실수하기 쉬운 어깨와 소매 길이

컨설팅을 하다보면 헐렁한 정장을 입는 경우를 종종 본다. 구직자가 가장 많이 하는 실수가 큰 어깨와 긴 소매다.

치수가 큰 재킷을 입는다고 어깨가 넓어 보이지는 않는다. 오히려 어깨가 큰 정장은 상대적으로 어깨를 쳐져 보이게 하여 기운까지 없어 보인다. 딱 맞게 입으려면 재킷의 어깨선이 어깨뼈에서 1~1.5센티미터 정도에 위치할 수 있도록 한다. 체형 문제로 어깨가 비대칭인 경우는 패드로 교정할 수 있다. 한쪽 어깨만 올라가서 삐딱한 이미지가 부정적인 느낌을 준다면 내려간 어깨 쪽에 패드를 넣는다.

재킷 소매가 셔츠보다 길어 손의 반 이상을 덮는 경우가 있는데, 팔을 내렸을 때 셔츠의 길이보다 슈트 재킷의 소매가 1~1.5센티미터 짧은 것이 정석이다. 정장은 몸에 맞게 입었을 때 가장 멋스럽다.

정장은 '멋 부리는' 개념이

실수하기 가장 쉬운 것 중 하나가 소매의 길이다

아니라 '격식'을 갖춰 입는 옷으로 사회에서 일하는 남성의 상징이 되었다. 면접에서 정장을 입는 이유는 사회인으로서 준비성과 면접에 대한 예절을 갖추고 왔음을 먼저 옷차림으로 전달하기 위해서다.

내가 만나야 할 면접관! 그들이 좋아할 정장 스타일을 알고 가자.

면접관이 반하는 슈트는 따로 있다

셔츠는
슈트의 맵시를 결정한다

중요한 미팅이나 면접 등을 위해 꼭 챙겨 입는 셔츠는 남자다움을 세련되고 온화하게 만들어주는 기능을 한다. 때문에 잘 고른 셔츠 하나는 열 슈트 안 부러운 효과가 있다.

역사적으로 셔츠는 기원전 로마시대 의상인 '스브그리subgry'에서 유래됐는데, '짧은 상의'란 뜻을 가진 현재의 셔츠 의미는 16세기부터 생겨났다. 현재의 모습과 가장 유사한 셔츠는 19세기부터 드레스셔츠라는 이름으로 통용됐으며, 당시에는 상류층 사람들이 신사의 상징으로 즐겨 입었다고 한다. 점차 레이스와 프릴 장식이 단순해지고 버튼을 다는 디자인 형태가 되면서 '신사의 상징' 가운데 핵심이 된 것이 바로 셔츠다.

셔츠의 가장 중요한 기능은 슈트와 타이를 받쳐주고 얼굴형을 보완해 주는 것이다. 목이 맞지 않아 조이는 셔츠를 입거나 몸에 붙지 않는 헐렁한 셔츠는 슈트의 선을 제대로 살리지 못한다. 셔츠를 선택할 때는 몸의 라인에 맞게 입는 것이 중요하다.

그동안 미처 몰랐던 셔츠 선택 기준을 살펴보자.

셔츠의 첫번째 기준 '컬러'

면접 슈트에 딱 맞는 셔츠의 컬러는 화이트와 블루다. 기본 셔츠인 화이트는 업무를 할 때 지적인 느낌을 자아내고 신뢰감을 준다. 다른 색상보다 흰색 셔츠를 입으면 신뢰감, 능력, 정직성 등에서 훨씬 높은 효과를 얻었다는 타이콘패션연구소의 조사결과도 있다. 화이트 셔츠의 가장 큰 매

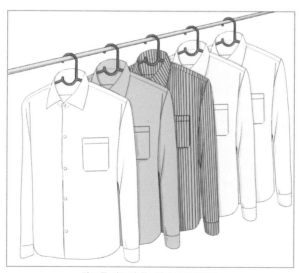

잘 고른 셔츠 하나는 열 슈트 안 부럽다.

셔츠는 슈트의 맵시를 결정한다

력은 어떤 슈트와도 잘 어울리며 어떤 타이라도 돋보이게 받쳐준다는 점이다. 어두운 컬러보다 얼굴빛을 환하게 만들어 인상이 좋아보이게도 한다. 그러나 화이트 셔츠 중에서도 칼라 부분에 스티치가 있거나 자수 장식 혹은 큐빅이 있는 셔츠는 면접에 적당하지 않으니 주의해야 한다.

블루 셔츠는 기본적인 느낌에서 크게 벗어나지 않으면서 세련된 느낌을 준다. 창의적이고 젊은 감각을 느낄 수 있어 사람들을 많이 만나는 직무에서 호감을 준다. 특히 네이비 정장과도 잘 어울린다.

셔츠의 두번째 기준 '칼라'

칼라collar를 선택할 때는 얼굴 크기와 얼굴형을 고려해야 한다. 얼굴 바로 밑에 오는 셔츠 칼라의 모양에 따라 착시효과가 일어나 얼굴형의 단점이 보완되기도 한다.

면접에 적합한 셔츠 칼라는 레귤러와 와이드 칼라다. 가장 기본이 되는 레귤러 칼라는 깃의 각도가 60~75도 정도로 좁은 폭과 깃의 끝이 뾰족해서 둥근 얼굴형에 좋다. 레귤러 칼라의 깃이 고정되어 빳빳하게 서 있는 핀 칼라는 목이 긴 사람에게 잘 어울리며, 목이 짧거나 턱선이 뾰족한 사람은 피하는 것이 좋다. 와이드 칼라는 깃의 각도가 95~120도 정도로 윈저 칼라라고도 한다. 목이 길고 마른 체형과 긴 얼굴형에 어울린다. 각진 얼굴형도 와이드 칼라가 잘 어울린다.

버튼다운 칼라는 칼라 깃 끝을 단추로 고정시켜 잠글 수 있게 한 것이다. 영국 폴로 선수가 경기 중에 바람에 날리지 않도록 셔츠 깃 끝에 핀을 꽂았던 것이 변형되어 단추로 고정한 셔츠다. 스포츠에서 시작된 것으로

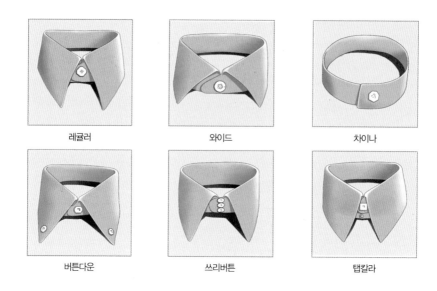

레귤러	와이드	차이나
버튼다운	쓰리버튼	탭칼라

캐주얼한 느낌이 강해 정장보다는 비즈니스 캐주얼에 적당하다.

셔츠 원칙 123!

셔츠를 입을 때 반드시 체크해야 할 세 가지가 목둘레, 칼라높이, 소매길이다.

먼저 목둘레는 여유 있는 것을 선택한다. 셔츠가 꽉 끼여서 말하기도 힘들고 답답해 보이는 구직자가 많다. 셔츠가 목에 꽉 끼면 목을 자주 만지게 되고 열이 위쪽으로 몰려 목과 얼굴이 붉어지거나 호흡이 불편해지는 증상이 나타난다. 물론 면접에 대한 준비가 완벽하지 않아 그럴 수도 있지만 목이 꽉 끼면 구직자는 심리적으로 불편감이 가중되어 당황스러운 질문이 나왔을 때 몸을 만지는 제스처를 하거나 위축되는 모습을 보이

셔츠는 슈트의 맵시를 결정한다

기도 한다. 때문에 딱 맞는 셔츠를 사는 것은 스타일링적으로도 중요하지만 신뢰감 있는 스피치를 하는 데도 중요하다. 그렇다고 목둘레가 너무 커 겉도는 것도 좋지 않다. 셔츠의 목둘레는 목보다 1센티미터 정도 큰 것으로 고르는데 셔츠 단추를 채웠을 때 손가락 하나가 들어갈 정도의 여유를 준다.

얼굴이 작고 목이 길어 보이거나 예민해 보이는 첫인상을 주는 구직자라면 칼라 높이로 보완할 수 있다. 일반적인 셔츠 칼라 높이는 3~4센티미터로 슈트를 입었을 때 뒤쪽에서 슈트 깃보다 셔츠 깃이 1.5센티미터 올라와야 정석이다. 그런데 목이 긴 구직자라면 칼라를 1센티미터 높이고 단추가 2개 있는 셔츠를 선택하면 효과적으로 이미지를 바꿀 수 있다.

셔츠 소매는 재킷 소매보다 1.5센티미터 길게 입는 것이 원칙이다. 소매의 끝이 손목뼈에서 조금 내려오는 정도로 맞추고, 이를 기준으로 재킷 소매를 수선하면 된다.

기성복은 목둘레, 가슴둘레, 팔길이를 기준으로 95, 100, 105 등으로 정형화시키므로 내 몸에 딱 맞는 셔츠를 찾기가 쉽지 않다. 기성복을 입었을 때 목둘레나 칼라높이, 소매 길이 등이 맞지 않는다면 맞춤을 이용하는 것이 현명하다. 자신의 치수를 정확히 파악하여 몸에 맞게 셔츠를 맞추는 것이다. 예전에는 맞춤셔츠의 비용이 고가라서 부담이 컸지만 지금은 대중화되어 상대적으로 저렴하게 이용이 가능하다.

혹자는 맞춤셔츠 한 벌이 저렴한 셔츠 여러 벌보다 낫다고도 한다. 셔츠가 슈트의 맵시를 결정하는 속옷 기능을 하기 때문이다. 이 기회에 아끼는 맞춤셔츠 한 벌 장만해 보는 것은 어떨까.

셔츠 맞춤 매장 추천

고쉐 셔츠 cafe.naver.com/gosheshirt

셔츠 맞춤 매장을 추천해 달라고 하면 믿고 추천하는 곳이 고쉐 셔츠다. 65,000~90,000원 정도로 가격이 비싸지만 마감이 깔끔해 소장용으로 좋다. 수입원단은 더 비싸므로 국산원단으로 선택한다.

해밀턴 셔츠 www.hs76.com/web_kr

저렴한 가격대의 맞춤 셔츠는 단연 해밀턴이다. 40,000원대 셔츠 맞춤이 가능한데, 포멀한 기본 셔츠를 원한다면 비용 대비 만족이 크다. 단, 다양한 스타일 변형은 요구하지 않는 것이 좋다.

섀빌로우 셔츠 cafe.naver.com/savilerow

다양한 원단과 스타일을 원한다면 섀빌로우 셔츠를 추천한다. 국산원단 6만 원부터 맞춤이 가능하고, 이달의 특가를 이용하면 저렴하게 맞춤을 할 수 있다.

아르테즈 www.artez.co.kr

맞춤셔츠 중 33,000원 균일가로 가격이 가장 저렴하다. 소재가 얇은 단점이 있으나 면접 시 입기에는 문제가 없다. 온라인으로 사이즈 등록 후 주문 가능하다.

앤드류앤레슬리 www.andrewnlesley.com

78,000원부터 시작하는 맞춤으로 가격이 다소 높아 프로모션을 활용하면 좋다. 다양한 스타일의 셔츠 맞춤이 가능하고 넥타이와 슈즈 등 다른 아이템들이 함께 구비되어 있어 좋다.

젠리코 www.zenrico.com

기성복 사이즈에서 팔길이 등 일부분이 맞지 않는다면, 젠리코를 추천한다. 기성복 사이즈에서 팔길이 등 옵션을 선택하는 맞춤이 가능하고, 기존 맞춤이 7일 정도 소요되는 데 비해 당일 배송이 가능하다.

셔츠는 슈트의 맵시를 결정한다

면접관이
좋아하는 넥타이

　넥타이는 남자의 패션을 완성시키는 아이템이다. 비즈니스에서 상대의 눈에 가장 잘 띄는 곳이 슈트의 V존인데, 이 V존의 핵심이 넥타이이기 때문이다. 또한 재킷이나 셔츠와는 달리 넥타이는 허용되는 컬러와 무늬가 다양해서 변신의 폭이 크다.

　면접에서도 내가 누구인지, 어떤 콘셉트로 스타일링을 했는지 가장 잘 보여줄 수 있는 요소가 넥타이다. 문제는 20대 구직자와 40~50대인 면접관이 선호하는 넥타이가 다르다는 점이다.

　먼저 20대만 좋아하는 '면접용 NG 넥타이' 부터 살펴보자.

　첫번째 NG 넥타이는 '슬림 타이' 다. 슬림 타이는 폭이 5~7센티미터 정도로 좁은 넥타이로 20대 구직자들 사이에서 인기 아이템이다. 슬림 타이는 슬림 라인 슈트와 함께 유행이 시작되었는데 클래식한 정장용 넥타이보다 캐주얼하고 멋스럽다. 그러나 대부분의 면접관들은 8.5~9.5센티미터 폭의 넥타이가 슈트의 격식에 맞는다고 생각한다.

두번째 NG 넥타이는 '블링블링 타이'다. 펄 장식이 들어가거나 큐빅이 장식되어 있는 넥타이는 화려해서 시선을 끌지만 넥타이가 화려할수록 신뢰감은 떨어진다는 사실을 기억하자.

세번째 NG 넥타이는 '블랙 타이'다. 블랙 타이는 장례식장에서 예의를 갖추는 넥타이로 일반 비즈니스에서는 하지 않는다. 장소에 맞는 넥타이를 하는 것이 비즈니스의 기본이다.

그렇다면 면접을 위해서는 어떤 넥타이를 하는 것이 좋을까. 면접 슈트에 적합한 넥타이는 단색 무지의 '솔리드 타이', 선이 있는 줄무늬 타이인 '스트라이프 타이', 물방울무늬가 반복적으로 그려진 '도트 타이' 등이다. 이 장에서는 면접관이 좋아하는 넥타이에 대해 알아본다.

넥타이의 컬러는 메시지다

구직자가 가장 많이 하는 넥타이는 단색 무지의 솔리드 타이로, 다양한 슈트와 셔츠에 어울리기 때문에 실용도가 높고 보수적인 이미지를 준다. 솔리드 타이는 컬러에 따라 메시지가 달라진다. 레드 컬러는 열정과 자신감을 상징하고 사람들의 주목을 끈다. 증권사 면접에서는 주가상승을 의미하는 레드 컬러가 긍정적인 영향을 줄 수 있고, 프레젠테이션 면접에서는 포인트 컬러로 활용해 시선을 사로잡을 수 있다.

면접관이 좋아하는 넥타이

남색 솔리드 타이는 비즈니스맨이 꼭 갖춰야 할 기본 넥타이로 면접에서 단정하고 깔끔한 느낌을 준다. 블루 컬러는 안정성과 평화의 상징이다. 한 예로 G20 서울 정상회의에 참가한 주요 20개국 정상들의 대표적인 넥타이 컬러가 블루였다. G20 정상들이 세계 평화를 기원하는 의미에서 블루 계열 넥타이를 많이 선택한 것이다. 블루 계열은 영업, 서비스 직무처럼 고객들을 많이 만나게 되는 직무에서 신뢰감을 줄 수 있는 컬러로 통한다.

블루와 함께 비즈니스맨이 갖춰야 할 기본 넥타이는 버건디(와인) 컬러로 남성적이고 강인한 인상을 준다. 인사, 구매, 품질관리, 생산관리 등 앞서 언급한 '강한 이미지'를 선호하는 직무에 지원하는 구직자에게 좋다. 반대로 총무, 영업관리, 사무직 등의 직무를 지원하는 구직자라면 부드러운 느낌을 더할 수 있는 그린, 브라운, 베이지 컬러의 넥타이를 추천한다.

컬러 다음으로 중요한 것은 무늬

면접 때 가장 추천하는 넥타이는 사선으로 된 패턴이 있는 스트라이프다. 레지멘탈 타이라고도 불리는 이 넥타이는 가로나 세로가 아닌 사선의 역동적인 이미지 덕분에 젊고 진취적인 신입사원의 이미지를 줄 수 있다.

얼마 전 만난 건설회사 지원자 L은 면접관에게 너무 여성스럽다는 지적을 받았다고 하소연했다. L의 정장을 봤더니 핑크색 솔리드 넥타이를 한 게 아닌가! 나는 건설회사에서 원하는 남성적이고 적극적인 이미지를 위해 레드와 네이비가 조합된 사선 스트라이프 넥타이를 추천했다.

"넥타이 하나 바꿨을 뿐인데, 다른 사람이 된 거 같아요."

얼마 후 L에게서 상기된 목소리로 연락이 왔다.

"선생님 조언대로 바꿨더니 면접에서 더 이상 여성스럽다는 지적이 없었어요. 왠지 합격할 수 있을 거란 자신감이 생겨요."

스트라이프 넥타이는 선이 깔끔하고 짙은 색으로 선택하는 것이 좋다. 체형이 크면 스트라이프 간격이 넓어야 하고, 슬림한 체형일 때는 간격이 좁은 것이 좋다. 단 요즘 유행하는, 사선에 반짝이는 펄이 있는 넥타이는 신뢰감을 떨어뜨리므로 피하는 것이 좋다.

스트라이프 넥타이는 색이 많을수록 조잡해지고 화려해지므로 두 가지 혹은 세 가지 컬러 조합을 선택한다. 예를 들어 스카이 블루와 짙은 네이비의 콤비네이션은 도시적이며 세련된 느낌을 준다. 네이비와 화이트의 콤비네이션은 클래식하며 단정한 기본이다. 레드와 블루, 와인과 네이비 등의 콤비네이션은 강하고 남성적인 느낌이며, 브라운을 기본으로 한 브라운과 블루, 브라운과 회색의 콤비네이션은 부드럽고 친근한 이미지를 준다.

"땡땡이 하면 면접 땡인가요?"

일명 '땡땡이' 무늬를 두려워하는 구직자가 많은데, '땡땡이'로 불리는 물방울무늬가 반복적으로 그려진 '도트' 타이는 클래식하고 우아한 느낌을 준다. 바탕 컬러는 무늬 컬러와 비슷하거나 반대인 것이 좋고, 물방울무늬의 컬러는 셔츠 색과 같은 것이 좋다. 무늬가 작을수록 더 클래식하고 세련된 이미지를 준다. 네이비 정장과 흰색 셔츠를 많이 입는 비즈니스맨들이 가장 많이 하는 넥타이가 네이비 바탕에 흰색 작은 물방울무늬가 있는 도트 타이다.

면접관이 좋아하는 넥타이

넥타이를 맬 때 꼭 체크해야 할 것이 넥타이 길이와 매듭법, 그리고 딤플이다. 촌스러운 남성 이미지에 꼭 등장하는 스타일이 바로 깡총하게 맨 넥타이다. 넥타이를 너무 짧게 매면 우스꽝스럽고 촌스러워 보인다. 넥타이 길이는 넥타이를 맸을 때 그 끝이 바지 벨트 버클 중간에 닿는 정도가 적당하다.

　넥타이는 매듭법에 따라 다른 느낌을 주는데 면접에서는 플레인 노트가 적당하다. 플레인 노트는 셔츠 칼라를 돋보이게 하는 매듭법으로 매듭이 길고 곧게 연출된다. 넥타이를 뒤로 돌려 왼쪽으로 뺀 다음, 앞에서 오

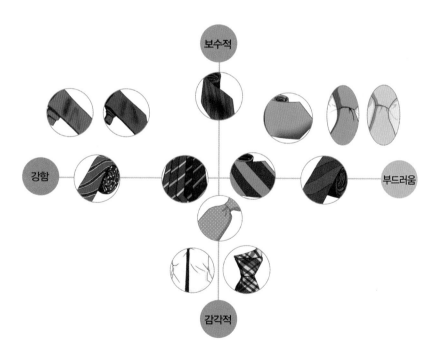

른쪽으로 돌려 감아 위에서 아래로 끼우는 가장 기본적인 방법이다. 큰 날을 좌우 어느 쪽에도 걸지 않고 한 바퀴 반을 감아내려 매는 것이다. 큰 날의 좌우를 한 번씩 걸어 매는 도톰한 윈저 노트나 매듭을 삐딱하게 돌려 매는 방법은 면접에서는 좋지 않다.

넥타이를 맬 때는 볼륨감을 주는 것이 중요하다. 넥타이 매듭 바로 아래 중앙에 골이 생기는 것을 딤플이라고 하는데, 딤플이 생기도록 매야 제대로 맨 것이다. 넥타이 매듭을 지어 마지막으로 넥타이를 앞으로 끼워 내릴 때 매듭 아래 양쪽을 눌러 패이도록 골을 만드는 것이 딤플을 만드는 비법이다.

지금 제대로 장만한 슈트가 없거나 맞춤 셔츠를 할 만한 상황이 안 된다면, 넥타이만이라도 변화를 주도록 권하고 싶다. 넥타이는 가격 대비 이미지 변화를 가장 많이 읽을 수 있는 포인트 아이템이기 때문이다.

면접관이 좋아하는 넥타이

04

비즈니스 캐주얼이
대세다

　면접을 준비하고 있는 K는 요즘 옷차림에 대해서 고민이 많다. 면접을 위해 정장을 준비했는데, 갑자기 회사에서 '비즈니스 캐주얼'을 입고 오란다. 비즈니스 캐주얼이란 뭘 말하는 건지, 조금 새로운 시도를 해야 하는 것인지 고민스럽다. K처럼 비즈니스 캐주얼 스타일 때문에 고민하는 구직자가 많다.

　파티가 아닌 기업의 면접에서 드레스코드를 정하는 것은 이례적인 일이다. 드레스코드는 어떤 모임의 목적이나 시간, 만나는 사람 등에 따라 갖추어야 할 옷차림을 말하는데, 파티나 모임에서 드레스코드를 명시하는 것은 초대된 사람들끼리 잘 어울리고 소속감을 갖도록 하는 의미가 있다.

기업의 드레스코드 역시 해당 기업의 문화를 알 수 있는 요소다. 2008년 삼성은 근무 복장으로 '비즈니스 캐주얼'을 선언하면서 자유와 개인의 창의를 중시하는 기업문화 창조를 추구했다. 이후 많은 대기업이 비즈니스 캐주얼을 입기 시작했고 각 기업마다 문화에 맞는 복장 가이드라인을 정했다.

면접에서 드레스코드를 비즈니스 캐주얼로 명시하는 것은 획일화된 유니폼 같은 정장을 벗어나 자유로움 속에 내재된 개인의 개성을 엿보려는 새로운 시도다. 실제로 옷차림을 통해 개인의 라이프스타일 감성을 테스트할 수 있다. 또한 다양한 라이프스타일 안에서 지원자의 잠재된 성격과 성향이 그대로 드러날 수도 있다. 따라서 이러한 시도는 옷을 얼마나 잘 입는지를 보는 것이 아니라 옷차림을 보고 그 사람의 내적인 가치를 판단하겠다는 의도로 볼 수 있다.

준비하고 있는 기업에서 비즈니스 캐주얼을 요구할 때 참고해야 할 법칙들을 알아보자.

법칙1. 캐주얼 정장의 다른 이름 세퍼레이트

슈트가 같은 색상의 상의와 하의를 뜻한다면, 비즈니스 캐주얼은 다른 색의 상의와 하의를 말한다. '콤비'라고 부르는 '세퍼레이트'는 상의와 하의를 다른 색으로 대비시켜 조화를 이루는 신사복으로 멋과 개성이 강조되는 옷이다.

면접에서 세퍼레이트를 시도할 때 꼭 기억해야 할 것은 무늬가 없는 민무늬 재킷과 바지를 기본으로 상의와 하의의 색을 다르게 매치하는 것이다. 재킷이 어두우면 바지는 밝게, 재킷이 밝으면 바지는 어둡게 선택하는 것이 원칙이다. 네이비 재킷에 베이지나 그레이 바지를 매치하는 스타일을 기본으로, 브라운 재킷에 베이지색 바지, 검정색 재킷에 그레이 바지도 잘 어울린다.

무늬가 있는 재킷을 입을 때는 바지는 무늬가 없는 것으로 한다. 재킷 무늬의 컬러를 바지색으로 하면 무난하다. 예를 들어, 그레이 바탕에 블랙 무늬가 있는 재킷이라면 바지 컬러는 블랙이나 그레이로 선택한다. 상의와 하의 모두 무늬가 있는 스타일은 면접에서는 피하는 것이 좋다.

법칙2. 블레이저를 활용하라

비즈니스 캐주얼과 캐주얼의 경계는 바로 재킷이다. 흔히 '마이' 라고 말하는 재킷을 잘 활용하면 자유로우면서도 예의를 지키는 비즈니스 캐주얼을 완성할 수 있다. 재킷의 종류는 용도에 따라 사냥을 위한 슈팅 재킷, 승마를 위한 해킹 재킷, 가장 스포티한 사파리 재킷 등 다양하다. 이 중 면접에서 비즈니스 캐주얼로 활용할 수 있는 재킷은 정장에 가까운 블레이저와 스포츠 재킷이다.

블레이저는 재킷의 한 종류로 금

장단추가 달려 있는데, 네이비 컬러가 기본이다. 가슴 부분에 단추가 한 줄로 달려 있는 싱글 버튼과 양쪽에 달려 있는 더블 버튼이 있다. 캐주얼하게 입을 수 있는 정장 스타일의 상의로 어떤 바지와도 잘 어울린다.

면접에서 블레이저를 선택할 때는 체형을 고려해야 하는데 뚱뚱한 체형의 경우 어두운 컬러나 스트라이프 재킷을 선택하면 시각적으로 날씬해 보인다. 키가 작은 사람은 V존이 깊은 재킷을 선택하면 날렵하고 키가 커 보이는 효과가 있다. 블랙과 네이비 컬러는 구비해두면 활용도가 높다. 베이지, 그레이, 흰색 등 연한 컬러의 면바지와 함께 코디하면 된다.

스포츠 재킷은 흔히 재킷이라고 말하는 스타일인데, 싱글 버튼 형태로

비즈니스 캐주얼이 대세다

여름에는 마 소재, 겨울에는 트위드 소재가 대표적이다. 블랙 재킷은 장만해두면 면접뿐만 아니라 평소에도 활용도가 크다. 비즈니스 캐주얼로 연출할 때는 허리 라인이 들어가고, 라펠이 좁고 양쪽에 트임이 있는 사이트벤트 재킷을 장만하면 재킷이 주는 격식과 함께 캐주얼이 주는 편안한 느낌을 강조할 수 있다.

법칙3. 타이를 풀어라

비즈니스 캐주얼을 요구하는 면접 현장에서 넥타이를 풀면 자유로운 이미지가 강해진다. 신입사원의 경우 넥타이를 푸는 것만으로 자유, 패기, 열정의 느낌을 배가시킬 수 있다. 이러한 연출이 가능한 것은 넥타이가 격식을 갖출 때 사용되기 때문이다. 도전, 변화, 희망의 메시지를 강조한 버락 오바마 대통령이 대통령 선거 유세 과정에서 선택한 패션은 '노타이'였다. 재킷을 벗고 셔츠를 걷어 올린 채 열정적으로 연설하는 그의 모습은 사람들에게 강렬하게 다가갔다. 권위의 상징인 넥타이를 풀어 변화와 개혁의 메시지를 패션으로 전달한 것이다.

노타이 패션은 슈트에서 넥타이 하나를 생략할 뿐인데 친근감을 높여주는 효과가 있다. 하지만 셔츠 단추를 풀면 여유가 생기기 때문에 평소보다 몸에 딱 맞는 셔츠를 입어야 한다. 특히 광고, 홍보, 디자인 등 창의성이 강조되는 직무에서는 넥타이 대신 포켓 치프를 활용해 포인트를 줄 수 있다. 사각으로 접는 화이트 포켓 치프를 기본으로 재킷 컬러와 비슷하거나 재킷보다 밝은 컬러로 선택하면 멋진 비즈니스 캐주얼을 연출할 수 있다.

법칙4. 노타이에 어울리는 셔츠는 따로 있다

노타이 패션은 넥타이가 없고 셔츠 단추를 풀어 입는 경우가 많으므로 정장 셔츠보다 칼라 높이가 높은 것이 좋다. 셔츠 칼라 끝부분에 단추가 있는 버튼다운 셔츠나 칼라와 소매 부분만 흰색으로 배색 처리된 클레릭 셔츠를 매치하면 넥타이가 없는 허전함을 깔끔하게 정리해 세련된 느낌을 줄 수 있다.

셔츠 컬러는 흰색이나 블루, 파스텔 등의 단색도 좋고, 컬러감이 있는 스트라이프 셔츠를 입으면 활동적인 느낌을 강조할 수 있다. 정장 셔츠 대신 피케셔츠를 활용하면 더 자유로운 느낌을 강조할 수 있다. 피케셔츠는 폴로셔츠라고도 하는데, 깃과 단추가 있는 티셔츠를 말한다. 피케셔츠는 어떻게 연출하는가에 따라 캐주얼이 될 수도 있고 비즈니스 캐주얼이 될 수도 있다. 비즈니스 캐주얼로 연출할 때는 재킷과 톤을 맞춰서 선택하되 무늬가 없는 단색이 좋고, 정장의 원칙과 마찬가지로 반팔보다는 긴팔이 좋다. 피케셔츠를 입을 때는 칼라를 재킷 안으로 넣어 단추를 모두 잠그고, 옷자락이 나오지 않도록 바지 안으로 넣어서 벨트를 한다. 피케셔츠 대신 얇은 소재의 니트를 매치하는 것도 가능하다.

면접에서 드레스코드를 명시하는 것은 회사의 문화와 비즈니스 환경을 숙지하고 오라는 힌트인지도 모른다. 드레스코드 속 공통된 암호를 통해 비슷한 사람을 선발하려는 것이 기업의 속내인 것이다. 그러니 기업이 의도하는 바를 미리 알아채고 센스 있게 준비하도록 하자.

비즈니스 캐주얼이 대세다

캠퍼스 캐주얼과
직장 캐주얼은 다르다

캐주얼은 '격식을 차리지 않는, 약식의, 편한' 평상복으로 자유로움을 상징하는 옷이다. 기능적으로는 활동성이 있고 보는 사람을 편안하게 해 주는 매력이 있지만 구직자가 흔히 캐주얼로 생각하는 청바지나 티셔츠, 운동화 등은 직장에서의 캐주얼로는 적합하지 않다. 많은 구직자가 캐주얼의 '격식을 차리지 않는' 이라는 부분에서 잦은 실수를 범하곤 한다.

실제로 처음 직장 내 캐주얼이 도입됐을 때 직장인 사이에서도 캐주얼 복장에 대한 혼란이 많았다. 집에서 입는 캐주얼과 회사에서 입어도 되는 캐주얼의 경계가 어디까지인가에 대한 논란이 생긴 것이다. 그 결과 많은 회사가 복장 규정을 내놓았고, 전문가를 초빙해 교육을 하는 등 복장 규정을 정형화하기 시작했다.

직장인이 회사에서 캐주얼을 입기 시작한 것은 그리 오래되지 않았다. 실제 유래는 주 6일 근무를 하던 시절의 토요일 복장에서 찾을 수 있는데, 토요일은 주로 오전 근무만 했기 때문에 외부 미팅이나 거래처 방문 같은 대외적인 활동보다는 내부 업무처리가 많아 정장을 갖출 필요성이 적었다. 또한 근무시간보다 퇴근 후 사적인 시간을 감안한 복장이 필요했다. 근로자는 이 두 가지 기능을 모두 충족시키는 복장에 대한 니즈를 갖게 되었다.

주 5일 근무가 일반화되면서 더 많은 기업이 캐주얼을 도입하기 시작했는데, 자유롭고 편안한 조직 문화를 보여주기 위해서 사내 복장 규정을 캐주얼로 정한 기업들도 속속 늘어났다. 또한 주말을 이용해 여가를 즐길 수 있도록 주말로 이어지는 금요일을 캐주얼 데이로 드레스코드를 정해 놓은 기업도 있다. 개인의 라이프스타일을 존중한 기업 차원의 배려로 탄생한 복장인 셈이다.

면접에서 캐주얼 드레스코드를 요구하는 이유도 이와 같다. 편안한 분위기에서 면접을 보도록 하는 배려이자 자유롭게 지원자에 대한 더 많은 정보와 역량을 파악하기 위한 것이다. 획일화된 정장이 아닌 캐주얼을 통해 지원자의 감각과 센스를 더 잘 살펴볼 수 있기 때문이다.

회사에서도 가능한 캐주얼은 어떤 아이템이 있는지 알아보자.

세련된 캐주얼 대명사 피케셔츠

피케셔츠(폴로셔츠)는 칼라가 있고 앞트임에 단추가 두세 개 달려 있는 티

캠퍼스 캐주얼과 직장 캐주얼은 다르다

셔츠를 말한다. 영국의 폴로 선
수기 입는 줄무늬 또는 난색의
폴로셔츠로 불리다가 특정 브
랜드 이름을 따서 폴로셔츠라
는 이름으로 더 유명해졌다.

폴로셔츠는 젊음의 상징이
자 캐주얼의 기본이 된다. 재킷
을 입으면 단추와 칼라가 있어
포멀한 이미지를 만들고, 밝은
컬러의 면바지와 입으면 자유
로운 캐주얼이 완성된다. 피케셔츠 안에 티셔츠를 입으면 더 세련된 캐주
얼을 완성할 수 있다.

피케셔츠를 캐주얼로 연출할 때는 단색 외에 밝은 컬러나 스트라이프
도 좋다. 흰 피부의 경우에는 파스텔 톤의 컬러가 어울리고, 어두운 피부
는 원색이 얼굴을 생기 있게 한다. 스트라이프나 무늬가 있는 경우는 젊
고 경쾌한 느낌을 주며, 셔츠 칼라를 세웠을 때 드러나는 배색 디자인이
나 주머니에 포인트를 준 스타일도 세련된 느낌을 준다.

캐주얼로 연출할 때는 반팔도 가능한데 셔츠 단추를 한두 개 정도 열어
준다. 어깨가 너무 크지 않도록 몸에 붙는 스타일을 선택하고, 바지 안에
넣어 입든 밖으로 빼서 입든 상관은 없지만 빼서 입을 경우는 너무 길지
않도록 한다.

생동감을 살리고 싶을 땐 캐주얼 셔츠

재킷 없이 캐주얼로 입기 좋은 셔츠는 버튼다운 셔츠와 컬러 셔츠다. 이 때 셔츠 단추를 한두 개 정도 풀어주면 활동적인 이미지를 살릴 수 있다.

셔츠 칼라 깃 끝에 단추가 달려 고정이 되는 버튼다운 셔츠는 셔츠의 첫 단추를 풀어도 칼라 형태가 유지되어 자연스럽기 때문에 캐주얼에서 많이 활용된다. 최근에는 단추 대신 칼라 안쪽에 스냅을 달아 단추가 보이지 않는 스타일도 나온다.

한편 화이트 셔츠가 신사의 상징이라면 컬러 셔츠는 여유와 생동감을 준다. 무늬가 없는 단색 컬러 셔츠는 깔끔하고 단정하다. 블루 계열의 셔츠는 젊음과 청량감을 주고, 파스텔 톤의 셔츠는 강한 이미지를 부드럽게 만든다. 자주색, 남색처럼 짙은 컬러도 세련되고 선명한 인상을 줄 수 있다.

스트라이프 셔츠나 데님셔츠, 체크무늬 셔츠도 좋다. 이때는 무늬에 있는 컬러와 바지색을 맞추면 세련되어 보인다.

소재에 따라 다른 느낌, 니트

니트는 소재가 주는 느낌 때문에 잘 활용하면 부드럽고 포근한 인상을 줄

수 있지만, 두께감이 있는 도톰한 소재는 통통해 보일 수 있다. 얇은 소재일 때는 정장 바지와 매치하면 포멀하고 단정한 이미지를 주며, 상대적으로 두꺼운 소재는 캐주얼해 보인다.

니트는 네크라인의 모양에 따라 느낌이 달라지는데, 브이넥 네크라인은 둥근 얼굴형에 잘 어울리고 셔츠와 넥타이와 함께 매치하면 포멀한 비즈니스 룩이 된다. 라운드 네크라인은 긴 얼굴형에 잘 어울리고 면티셔츠와 함께 매치하면 캐주얼한 느낌을 준다. 라운드 네크라인과 셔츠를 매치할 때는 셔츠 칼라를 안으로 들어가도록 하고 브이넥은 셔츠를 밖으로 내서 입는다.

겨울에 목까지 올라오도록 입는 터틀 네크라인은 목이 짧아 보이고 답답하므로 면접 복장으로는 적당하지 않다.

상의에 따라 다양한 연출, 치노팬츠

청바지와 치노팬츠는 캐주얼의 대명사다. 보수적인 기업에서는 청바지보다는 치노팬츠를 선호하는데, 치노팬츠는 일반적으로 면바지를 통칭한다. 소재의 특성상 자유롭고 편안하며 다양한 연출이 가능하다. 베이지가많이 알려져 있지만 네이비, 화이트, 카키 등 다양한 컬러가 있다.

상체가 발달한 체형의 경우는 밝은 색을 선택하고, 하체가 발달한 경우는 어두운 색을 선택하는 것이 안정감 있다. 허리에 주름이 두 개 이상들어가면 아저씨 스타일로 보이므로 바지선이 일자로 떨어지는 디자인을선택한다. 피케셔츠와 매치하면 격식 있는 캐주얼을 완성할 수 있다.

단정한 느낌을 원한다면 카디건

남성을 자상하고 포근한 이미지로 만들어주는 대표 아이템이 바로 카디건이다. 카디건은 칼라가 없이 앞이 트여 Y자형으로 단추를 채울 수 있는 스웨터로, 입고 벗기 편해 실용적이며, 간절기 면접에서도 보온용으로 입기 좋다.

무지 컬러의 노칼라 카디건은 기본으로 단정한 느낌을 준다. 기본 컬러인 블랙과 그레이는 세련되고 차분한 이미지를, 밝고 화사한 컬러는 발랄한 이미지를 준다. 네크라인에 숄칼라가 더해진 숄칼라 카디건과 지퍼로 여미는 집업형 카디건은 세련된 이미지를 준다.

카디건을 선택할 때는 사이즈와 길이를 고려한다. 사이즈는 딱 맞아야 하는데, 넉넉한 사이즈를 고르면 배가 나와 보이고 아저씨처럼 나이 들어 보인다. 길이는 셔츠와 바지가 맞닿는 경계를 살짝 덮는 정도가 좋다.

면접에서의 캐주얼은 자율적이라고 해도 직장에서 일할 때 입는 근무복이다. 언제나 고객을 만날 수 있는 복장, 즉 '격식 있는' 캐주얼이어야 한다는 것을 명심하자!

캠퍼스 캐주얼과 직장 캐주얼은 다르다

디테일로 마무리하는
패션의 완성, 구두

신발은 발을 보호하는 기능에서 한때는 신분을 드러내는 상징이 되기도 했다. 지금은 신발로 신분을 구분하지 않지만 여전히 어떤 신발을 신는가, 어떻게 신는가에 따라 그 사람에 대한 평가가 이루어지기도 한다.

S전자 면접관은 지원자를 총체적으로 평가할 때 구두 상태를 꼭 확인한다고 밝혔다. 잘 닦은 구두는 부지런하고 깔끔한 생활태도를 보여주며, 언제나 고객을 만날 준비가 되어 있다는 뜻을 전달한다. 먼지 하나 없이 반짝반짝 잘 닦인 구두는 면접관의 마음도 사로잡는다.

깨끗한 구두만큼 중요한 것은 어떤 신발을 신는가이다. 여기서 '어떤' 신발의 기준은 바로 옷이다. 어떤 옷을 입는가에 따라 구두의 종류도 달라져야 하기 때문이다. 슈트에 운동화를 신거나 캐주얼 복장에 구두를 신는다면 아무래도 어색할 것이다. 구두는 패션의 마무리이자 완성이다.

정장, 비즈니스 캐주얼, 캐주얼에 맞는 구두를 알아보자.

정장면접에는 옥스퍼드 & 몽크스트랩

남성 구두는 끈이 달린 옥스퍼드와 끈이 없는 슬립 온으로 나눌 수 있다. 면접용 슈트에 어울리는 구두는 끈이 있는 옥스퍼드인데, 옥스퍼드는 구두코 장식에 따라 플레인 토, 스트레이트 팁, 윙팁으로 나눌 수 있다. 이 가운데 구직자들이 처음 구입해야 하는 구두는 플레인 토이다. 플레인 토는 끈 외에는 구두코에 장식이 없는 보편적인 스타일로 남성 구두의 가장 기본이다. 단정한 이미지 때문에 군납용 단화로 많이 쓰이고 있어, 군대를 다녀온 구직자들은 친근할 것이다. 슈트와 잘 어울리며 구두 절개선이 적어 깔끔한 느낌을 준다.

구두코에 구멍이나 바늘땀을 일직선으로 장식한 구두를 스트레이트 팁이라 한다. 스트레이트 팁은 플레인 토와 마찬가지로 장식이 심플해 면접 슈트에 잘 어울리며, 클래식하면서도 앞코 부분에 장식이 있어 세련된 느낌을 준다. 단 밑창이 두껍고 앞코가 길게 나와 있는 구두는 면접에 적당하지 않다.

윙팁은 구두코에 구멍 장식이 많아 구두 옆면이 날개 펼친 새 모양이며, 스트레이트 팁이나 플레인 토보다는 화려한 스타일이다. 윙팁의 구멍은 통풍과 물빠짐이 목적이었는데, 지금은 순전히 장식적인 기능이 되었다. 면접에서는 트렌디한 정장에 어울리고 면바지에도 잘 어울린다.

디테일로 마무리하는 패션의 완성, 구두

끈이 없는 슬립 온 중에서 면접 슈트에 매치할 수 있는 유일한 신발은 몽크스트랩으로 끈이 없는 펑범한 구두코에 옆에는 버클장식이 달린 구두다. 면접에서는 감각적인 이미지를 선호하는 디자인, VMD, 홍보 등의 직무에서 슈트와 매치하면 세련된 감각을 보여줄 수 있다.

블랙을 신을까? 브라운을 신을까?

"검은 정장에 갈색 구두 신는 건 도박인가요?"
"검은 정장에 갈색 구두라, 좀 튈 거 같아요."
"그냥 무난하게 검정색이 어떠실지."
"브라운 구두 스타일리시해요."
"상관없어요."
한 취업커뮤니티에 올라온 질문과 댓글이다. 구두 매장에 가보면 반 정도가 브라운 구두인데 늘 고민스럽다. 하지만 포멀한 블랙 슈트의 단짝 친구는 바로 블랙 옥스퍼드 구두다. 구두는 정장보다 어두운 컬러를 선택하는 것이 좋다.

블랙 구두의 강점은 블랙, 네이비, 그레이 등 모든 정장에 잘 어울린다는 점이다. 블랙 구두를 신으면 전체적으로 통일감 있어 보이고 안정감을 준다. 브라운 구두는 세련되고 개성 있는 스타일에 포인트가 되므로 감각적이고 세련된 직무를 지원하는 구직자라면 시도해볼 만하다. 그레이 슈트와도 잘 어울리고 네이비 슈트에 매치하면 좀 더 젊은 감각을 드러낼 수 있다. 반면에 브라운 슈트를 입을 때는 꼭 브라운 구두를 신는다. 와인빛이 나는 버건디 컬러는 블랙이나 그레이 슈트에 잘 어울리지만 면접에서는 적당하지 않다.

따라서 보수적인 면접관을 만날 때는 블랙 구두를 신는 것이 가장 무례하지 않은 스타일이다.

비즈니스 캐주얼 면접에는 페니로퍼 & 테슬로퍼

비즈니스 캐주얼에는 정장 구두보다는 굽이 낮고 발등을 덮는 로퍼가 잘 어울린다. 로퍼는 '게으른 사람'이라는 뜻처럼 끈으로 묶지 않아 편하게 신고 벗을 수 있다.

대표적인 로퍼인 페니로퍼는 발등 부위에 일자 모양의 밴드장식 가죽이 붙어 있고, 그 위에 가윗밥을 넣은 디자인이다. 처음 구두를 구입하는 20대 구직자들은 페니로퍼를 정장 구두로 잘못 알고 있는 경우가 많은데, 아이비 룩을 대표하는 캐주얼 구두로 미국 드라마를 보면 많이 볼 수 있다. 비교적 장식이 적고 베이직한 로퍼, 날렵하게 코가 빠진 로퍼는 재킷을 기본으로 하는 비즈니스 캐주얼에 적당하다.

테슬로퍼는 구두에 방울 장식으로 포인트를 준 술이 달린 로퍼다. 소가죽이나 스웨이드로 만든 테슬로퍼도 비즈니스 캐주얼에 잘 어울린다. 최근에는 양말을 벗고 발목이 드러나게 신는 로퍼 스타일을 연출하지만 예절을 갖춰야 하는 면접에서는 적당하지 않다.

캐주얼 면접에는 모카신 & 스니커즈

캐주얼 면접의 기본이 되는 치노팬츠에는 모카신이나 스니커즈가 어울린

디테일로 마무리하는 패션의 완성, 구두

구두의 종류

1. 옥스퍼드 - 끈 달린 구두(끈 구멍이 세 개 이상)
   - 플레인 토: 구두코에 끈 외의 장식이 없는 구두
   - 스트레이트 팁: 구두코에 구멍이나 바늘땀을 일직선으로 장식한 구두
   - 윙팁: 구두코에 구멍 장식이 많은 구두(구두 옆면 장식이 날개 펼친 새 모양)
2. 슬립 온 - 끈이 없는 구두
   - 몽크스트랩: 평범한 구두코에 옆에는 버클장식이 달린 구두
   - 로퍼: 굽이 낮고 발등을 덮는 스타일로 밴드 형태의 가죽을 덧댄 구두

다. 인디언에서 유래된 모카신은 굽이 낮고 발등의 U자 부분을 밖으로 꿰맨 디자인이다. 스포티하고 캐주얼해서 정장에는 신지 않으며, 브라운, 네이비 모카신은 베이지나 그레이 계열의 치노팬츠와 잘 어울린다.

모카신과 함께 캐주얼을 대표하는 스니커즈는 운동화와 구두의 중간 정도 신발이다. 'Sneaker', 즉 '살금살금 걷는 사람'이란 뜻으로 밑창에 고무를 대서 발소리가 나지 않는 신발이다. 스니커즈는 컬러와 무늬가 다양하기 때문에 면접에서는 포인트 컬러로 신발에 시선이 가도록 하는 것보다 상의나 하의 컬러와 자연스럽게 맞추는 것이 좋다.

모카신이나 스니커즈를 신을 때 중요한 것은 양말이다. 신발 위로 양말이 보이면 촌스러운 스타일이 되므로 발목 밑으로 내려오도록 신는다.

흰 양말 NG! 발목 양말 NG!

비즈니스 미팅에서 처음 만난 K. 네이비 정장에 깔끔한 블루 셔츠와 도트 넥타이까지 완벽했다. 그러나 자리에 앉는 순간 첫인상은 깨지고 말았다. 바지 속에서 빛을 발하고 있는 건 흰 양말이었다. 멋있는 신사는 사라지고 우스꽝스러운 아저씨가 앉아 있을 뿐이었다.

예전보다는 덜하지만 여전히 구두에 흰 양말을 신는 남성이 많다. 양말을 선택하는 기준은 슈트 바지와 구두의 컬러. 옅은 색상의 양말을 신으면 발쪽으로 시선을 모아 키가 작아 보이므로 양말은 어두운 것이 좋다. 특히 정장에는 보수적이며 짙은 단색 양말이 좋다.

남성들이 멋으로 신는 발목양말도 NG다. 남성들은 슈트를 입고 다리를 꼬는 자세를 했을 때 살이 보이면 실례가 되므로 긴 양말을 신는 것이다. 면접을 위해서는 100퍼센트 면으로 얇은 실크 느낌이 나는 검정색 긴 양말 하나면 충분하다.

슈트, 셔츠, 타이가 상반신의 V존을 이룬다면 바지, 양말, 구두는 하반신의 V존을 구성하는 요소다. 컬러와 격식까지 갖춰 디테일로 마무리하자.

남자의 스타일을 실려주는 액세서리 연출

벨트

벨트 컬러는 구두나 바지 컬러에 맞추는 것이 좋다. 클래식한 슈트에는 블랙과 브라운이 잘 어울린다. 벨트의 폭은 3센티미터 정도가 적당하고 버클은 로고가 있거나 화려한 디자인은 시선이 집중되므로 피한다. 면접 정장용 벨트 버클은 장식이 없이 작고 단순한 디자인이 좋다. 은색의 사각형 버클은 어떤 정장에도 잘 어울린다. 벨트 길이는 허리에 맞게 조절해야 하는데, 버클을 다 채웠을 때 벨트 끝 부분이 바지 첫번째 고리와 두번째 고리 사이에 오는 것이 적당하다.

시계

면접 정장에 어울리는 시계는 얇고 디자인이 단순한 것이 좋다. 20대 구직자들이 선호하는 크고 두꺼운 시계는 캐주얼로 사용한다. 슈트를 입고 셔츠 소매를 잠근 상태에서 시계가 반 정도 보이게 차는 것이 적당하다. 소재는 가죽이나 메탈 둘 다 좋지만 땀이 많은 경우라면 메탈이, 고급스러움을 원하면 가죽이 적절하다. 가죽의 경우 면접에서는 검정색과 브라운이 클래식해 보인다.

포켓치프

포켓치프는 재킷이나 슈트의 왼쪽 가슴에 꽂는 손수건으로, 행커치프라고도 하고 포켓 스퀘어라고도 한다. 슈트와 셔츠 컬러, 넥타이 무늬 컬러 등에 맞추면 쉽게 연출할 수 있는데, 흰색 셔츠에는 흰색 포켓치프, 보라색 스트라이프 타이에는 보라색 포켓치프 등으로 맞추면 된다. 특히 면접에서는 포켓치프의 끝을 네모반듯하게 수평으로 접어 가장자리가 1센티미터 정도 보이게 하는 것이 깔끔하다. 직무나 면접 유형에 따라서 빨간색, 자주색 등으로 포인트를 줄 수도 있다.

커프 링크스 & 타이 바

면접 슈트에 필요 없는 액세서리가 커프 링크스와 타이 바다. 커프 링크스는 셔츠 소맷부리 부분인 커프를 채울 때 단추 대신 사용하는 액세서리로, 실버, 골드 등 컬러도 다양하고 매듭, 금속 등 소재도 다양하다. 고급스럽거나 화려한 경우가 많아 예복처럼 보이므로 면접에서는 하지 않는다. 타이를 고정시켜주는 타이 바도 자칫 나이 들어 보일 수 있어 면접에서는 생략한다.

직무역량
돋보이게 하는
스타일링

여성편

면접관은 세련된 지원자를
좋아하지 않는다

드라마에 등장하는 커리어우먼은 하나같이 미니스커트에 블링블링한 액세서리를 하고 출근한다. 폭이 좁아 걷기도 힘들어 보이는 타이트한 펜슬 스커트 차림으로 외부 미팅에 참석하고, 결혼식에서나 볼 수 있는 리본 블라우스와 공주풍 스커트를 입고 프레젠테이션을 한다. 하지만 드라마는 드라마일 뿐 그런 패션을 따라했다가는 백이면 백 낭패를 볼 수밖에 없다.

실제 커리어 우먼에게는 활동성과 전문성 두 가지가 필요하다. 드라마로 직장생활을 배운 여성 구직자들의 패션 감각은 세련되고 자유로워졌지만 면접관들의 패션 취향은 여전히 보수적이다. 면접관들은 세련된 지

원자보다는 '촌스러운 지원자'가 조직에 잘 융화되고 업무능력이 뛰어날 것이라고 생각한다. 여기서 말하는 '촌스러운 지원자'는 시골에서 막 상경한 스타일이 아니라 화려하지 않은 깔끔하고 단정한 패션을 말한다.

면접관들이 '촌스러운' 스타일을 선호하는 이유는 뭘까? 2030세대 구직자들과 4050세대 면접관들의 세대차. 4050세대는 복장을 의식주 형태의 하나로서 업무, 조직문화, 격식, 예절을 표현하는 수단으로 인식하는 세대인 반면 2030세대는 훨씬 패션 지향적이다. 그들은 복장에 개성과 스타일, 가치를 녹여내 표현하고자 한다. 그러나 기억해야 할 점은 면접을 진행하는 담당자는 우리와 다른 의복 개념을 갖고 있는 4050세대라는 점이다.

또 하나 기억해야 할 점은 남성과 여성의 복장에 따른 시각차가 존재한다는 것이다. 오랫동안 여성들의 사회진출이 많지 않았기 때문에 아무래도 남성 중심의 조직문화가 강했다. 그러다보니 여성 감수성이 높은 직원

면접관은 세련된 지원자를 좋아하지 않는다

들의 경우 조직적응도와 상사와의 관계 측면에서 부족함이 많았다. 패션이 자유로워지면서 개성 있는 지원자를 뽑았더니 팀 내 갈등 상황이 잦아지고 근속기간이 길지 않았던 것이다. 그 결과 여성스러운 이미지의 지원자와 개성 있는 패션의 지원자들은 업무능력과 조직적응이 떨어진다는 나름의 기준이 생기게 되었다.

기본에 충실한 정장으로 단정하고 신중한 인상을 주기 위해서는 세 가지 원칙을 살펴볼 필요가 있다.

· 컬러가 통일된 스커트 정장을 입는다.
· 블랙, 다크 네이비, 다크 그레이 등 진한 컬러를 선택한다.
· 부드럽고 화사한 이미지를 줄 수 있는 밝은 이너웨어를 입는다.

이 원칙을 잘 갖출 수 있는 기본 아이템은 테일러드 재킷과 H라인 스커트, 그리고 블라우스이다. 각각의 아이템에 대해 살펴보자.

비즈니스 룩의 기본 테일러드 재킷

여성 비즈니스 룩의 기본 아이템인 테일러드 재킷은 직선적인 칼라 라인으로 재킷 하나만 걸쳐도 단정하고 갖춰 입은 이미지를 준다. 라펠의 폭이 좁고 깊으면 직선적인 느낌이 더해져 남성적이고, 폭이 넓고 곡선일수록 여성스럽다.

테일러드 재킷을 잘 소화하기 위해서는 재킷 기장과 소매길이, 허리품을 확인하고, 버튼 종류 등을 꼼꼼하게 체크해 봐야 한다. 먼저 재킷의 기장은 엉덩이에서 봉긋하게 나온 부분에 맞추는 것이 적당하다. 키가 작은 체형의 경우 재킷의 길이를 이보다 짧게 하면 키가 커 보일 수 있다. 키가 큰 체형을 보완하고 싶다면 기장을 길게 입도록 한다. 소매 길이는 손목을 살짝 덮을 정도가 적당하다.

재킷의 허리품을 확인할 때에는 '서 있을 때 맞는 핏' 보다 '면접 자세로 앉았을 때 적당한 핏' 이 되도록 조금 넉넉하게 선택하는 것이 좋다. 서 있을 때는 타이트하고 잘 맞는 듯 보이지만 앉았을 때 가슴 부분이 벌어지고 주름이 생겨 신경이 쓰이는 경우가 발생하기 때문이다.

컨설팅에서 만난 D지원자의 경우가 그랬다. 비교적 마른 체형인 여성이었지만 앉은 자세를 살펴보니 민망한 모습이 연출되고 있었다. 앉은 자세를 고려하지 않고 입다보니 품이 타이트한 허리품 때문에 볼록 나온 아랫배가 도드라져 재킷이 벌어지고, 아랫배 라인에 여러 개의 주름이 잡혀 있었던 것이다. 불편한 복장 상태 때문에 모의 면접을 진행하는 동안 나와 D는 어색한 분위기일 수밖에 없었다. D와 같은 상황을 방지하기 위해서는, 재킷 단추를 다 채웠을 때 주름이 생기지는 않는지 미리 확인해야만 한다.

싱글 버튼은 날씬해 보이는 효과를 줄 수 있고, 더블 버튼은 마른 체형을 보완할 수 있다. 그러나 뚱뚱한 체형의 경우는 피하는 것이 좋다. 버튼 위치는 허리선이 잘록하게 들어가는 부분이 좋다.

커리어우먼의 정석 H라인 스커트

직선으로 딱 떨어지는 H라인 스커트는 활동이 편할 뿐만 아니라 노출이

면접관은 세련된 지원자를 좋아하지 않는다

우리가 흔히 알고 있는 55/66/77 사이즈는 뭘까?

'44/55/66/77' 표기법은 1981년 제정된 표기법으로 우리나라 여성의 평균 키인 155센티미터와 평균 가슴둘레 85센티미터를 기준으로 두 자리의 끝자리를 따 '5'를 기호화하면서 평균치수를 '55'로 정했다. 그러나 여성의 체형이 변하게 되면서 1990년대부터는 키와 가슴둘레 사이즈를 표기하는 '44/55/66/77'을 쓰지 않고 '가슴둘레-엉덩이둘레-신장'으로 세분화하여 표기하고 있다. 하지만 아직도 44, 55 등의 사이즈가 사용되고 있고 회사마다 그 기준점도 다르다.

적어 프로페셔널한 이미지를 준다. 다만 길이 조절에 신경을 써야 한다.

"지원자들의 스커트가 너무 짧아 눈을 어디다 둬야 할지 모르겠어요."

"비치는 소재의 치마를 입고 온 구직자도 있었어요."

종종 면접관들은 여성 지원자의 스커트 의상에 적잖은 불만을 토로한다. 구직자가 앉는 자리에는 책상이 없어서 스커트가 짧거나 타이트하면 신체가 그대로 노출되기 때문이다.

앞서 강조한 것처럼 면접 복장은 서 있는 모습보다 앉았을 때의 핏이 더 중요하다. 따라서 면접 자세로 앉았을 때 기장과 사이즈가 여유로운 스커트를 선택하는 것이 좋다.

스커트 기장은 무릎 정도의 길이가 적당하다. 스커트의 허리선이 높아지면 다리가 길어 보이지만 배가 나온 경우는 아랫배가 더 부각될 수 있으므로 배를 눌러 줄 수 있는 중간 허리선이 좋다.

스커트를 선택할 때는 허리보다 허벅지를 체크해 봐야 한다. 허리사이즈에 비해 상대적으로 허벅지가 넓은 경우 스커트가 허벅지 품에 너무 꽉 맞아 Y자 모양으로 볼록하게 나오게 된다. 몸매가 드러나면 성별과 상관 없이 야하거나 부담스럽다는 느낌을 주게 된다. 여성의 하체에서 가장 넓은 사이즈가 바로 허벅지 둘레다. 스커트 사이즈는 허벅지 둘레에 맞춰 여유롭게 선택하고, 허리품이 크면 허리를 수선해서 입는 것이 좋다.

신뢰감을 주는 진한 컬러

영화 〈철의 여인〉에서 주인공 메릴 스트립은 영국 보수당의 상징인 파란 색 슈트를 즐겨 입는다. 필리다 로이드 감독은 〈보그〉와의 인터뷰에서 "젊은 마거릿의 옷은 하늘색이지만 시간이 흐를수록 짙은 파란색 슈트로 바뀌고, 보수당 당수가 됐을 때에는 로열블루(영국 왕실의 관복색)가 된 다."고 말했다. 슈트의 색상이 짙을수록 더 권위적인 느낌을 주는데, 마 거릿 대처가 정치적으로 성장할수록 푸른색 옷이 점점 짙어진 것이다.

상위 1퍼센트의 패셔니스타로 주목받고 있는 삼성가 여성들이 선택한 컬러 또한 짙은 색인 블랙이다. 블랙이 주는 권위와 세련됨을 선택한 것 이다. 블랙, 그레이 등의 무채색은 실수하지 않는 컬러다. 보수적인 면접 관을 만날 때는 블랙, 다크 네이비, 다크 그레이 등 진한 컬러가 신뢰감 을 준다.

활용도 높은 블라우스

블라우스는 프랑스어 블루즈blouse에서 유래된 복식으로 여성의 어깨에 서 허리까지 상반신에 착용하는 가벼운 소재로 헐렁하게 만든 셔츠를 말

면접관은 세련된 지원자를 좋아하지 않는다

한다. 귀족 계층에서는 호화로운 장식과 함께 겉옷으로 착용하다가 상의가 만들어져 슈트 속에 입는 옷으로 신화했다.

블라우스는 여성스럽고 화사한 이미지를 준다. 슈트 자체가 갖고 있는 남성적인 이미지에서 블라우스는 여성적 느낌을 동시에 연출할 수 있는 기능을 한다. 더불어 블라우스는 상대적으로 슈트보다 가격이 저렴해서 데일리 복장으로 새로운 느낌을 주는 데도 더 유리하게 사용할 수 있다.

"정장은 너무 비싸고, 블라우스는 상대적으로 저렴해서 좋아요. 재킷에 블라우스만 바꿔 입어도 매일매일 갈아입은 것 같으니까요."

직장 여성이 블라우스를 좋아하는 이유는 활용도가 높기 때문이다. 다양한 블라우스를 갖춰놓으면 정장 스타일에 변화를 줄 수 있다.

블라우스 선택에서 중요한 두 가지는 네크라인과 가슴 부분의 디테일이다. 네크라인은 얼굴형에 맞추는데 브이 네크라인은 둥근 얼굴형과 큰 얼굴, 각진 얼굴형에 잘 어울린다. 또한 시선을 아래쪽으로 끌어 큰 얼굴을 작아 보이게 하고, 각진 얼굴형과 둥근 얼굴형을 보완해준다. 라운드 네크라인과 가로로 긴 보트 네크라인은 긴 얼굴형과 뾰족한 얼굴형에 잘 어울린다. 가로선을 강조하여 상대적으로 긴 얼굴과 뾰족한 얼굴이 보완된다.

셔링 장식으로 가슴 부분의 디테일이 많은 이너웨어는 상체가 마른 체

형을 보완해줄 수 있다. 단 커다란 리본장식이나 러플이 많은 디테일은 예복 같은 느낌이므로 피하는 것이 좋다. 볼륨감 있는 체형일 때는 심플한 디테일의 이너웨어가 좋다.

면접 복장으로 블라우스를 선택할 때는 길이감과 컬러를 고려해야 한다. 면접에서는 블라우스를 하의에 넣어 단정하게 입어야 하므로 기장이 긴 것을 선택하도록 한다. 이 점을 염두에 두지 못한 채 블라우스를 입었다가 움직일 때마다 짧은 블라우스가 자꾸 빠져 나와서 배가 보일까봐 신경 쓰는 경우가 있다.

블라우스의 소재도 중요한데 소재가 너무 두꺼우면 안으로 넣어 입기가 불편하고, 시스루처럼 너무 얇으면 속옷이 비쳐서 입지 못하는 경우가 생긴다. 블라우스의 컬러는 그 자체로 예쁜 컬러를 선택하기보다는 자신이 가지고 있는 슈트와의 조화를 고려한다. 화이트는 깔끔하고 단정한 이미지를, 아이보리나 베이지는 부드러운 이미지를 준다.

컨설팅을 하다보면 누가 비싼 옷을 입었는지 혹은 화려하게 입었는지를 보는 것이 아니라 예비 직장인처럼 입었는지, 튀지 않으면서 제대로 갖춰 입었는지 등을 보게 된다. 여성 정장의 핵심은 보수적이되 매력적이고 전문적 이미지를 강조할 수 있는 절제된 컬러와 여유로운 핏이라는 것을 기억하자.

면접관은 세련된 지원자를 좋아하지 않는다

블랙 정장 한 벌로 세 번까지 활용하기

블라우스 대신 셔츠, 이너 탑 활용

면접 때마다 캐주얼에 비해 고가인 정장을 구입하기란 쉽지 않다. 합격까지 서너 번 이어지는 면접에 매번 같은 정장을 입는 것이 걸린다면 상대적으로 저렴한 '이 너 탑'과 '셔츠'로 이너웨어에 변화를 줄 수 있다.

이너 탑은 몸에 붙는 저지나 니트 소재의 상의를 말한다. 면접에서 블랙 정장과 매 치할 때는 민소매 디자인에 단색의 심플한 이너 탑이 좋다. 원버튼의 테일러드 재킷 과 매치할 때는 라운드나 일자 네크라인이 어울리고 면이나 실크 소재가 깔끔하다. 파워풀한 블랙 슈트에 전문성을 강조하고 싶다면 셔츠를 활용해 보는 것이 좋다. 부드러운 소재와 곡선 느낌이 강조되는 블라우스에 비해 조금 두꺼운 소재와 직선 이 강조되는 셔츠는 남성 슈트의 이미지와 오버랩되며 커리어우먼의 긴장감과 힘 을 느끼게 해준다.

스카프 활용

스카프 한 장이면 밋밋한 블랙 슈트에 다양한 스타일을 연출할 수 있다. 스카프는 다양한 연출법이 있는데, 블랙 슈트의 정갈한 느낌을 살리기 위해서는 링타이를 하는 것이 좋다. 스카프를 직사각형으로 접어 이너웨어처럼 활용하는 방법인데, 먼저 스카프를 사선으로 접어 자연스러운 주름을 주면서 양쪽 끝을 앞으로 내린 다. 아래로 내려온 스카프를 고무줄로 묶거나 스커트 안으로 넣어 고정시킨다. 그 위에 재킷만 걸쳐주면 끝이다. 재킷 안쪽으로 보이는 스카프의 컬러감으로 다른 재킷을 입은 효과를 준다.

이때 스카프는 블랙 슈트에 자연스럽게 어울릴 수 있도록 너무 튀는 컬러나 호피 나 도트처럼 복잡한 패턴은 피하는 것이 좋다.

블랙 재킷 대신 컬러 재킷 활용

PT 면접에서 면접관의 시선을 집중시키고 싶다면 재킷을 바꿔보는 것이 좋다. 재 킷 컬러를 바꾸는 것으로 다른 정장을 입은 것 같은 효과를 줄 수 있다. 블랙 스커 트에 잘 어울리는 컬러는 베이지, 흰색, 밝은 그레이를 들 수 있다.

면접에서 적극적인 이미지를 표현하고 싶을 경우에는 소매 끝단을 걷어 올리거나, 팔꿈치에 노란 고무 밴드를 끼우고 밴드 위로 재킷 소매를 살짝 걸치면 팔꿈치 아 랫부분이 타이트해지면서 활동적인 느낌을 줄 수 있다.

유통, 마케팅, 해외영업은
도시녀를 선호한다

국내 굴지의 유통회사에서 MD로 근무하는 H는 오전 7시 30분까지 출근을 해 모닝커피를 마시며 하루 스케줄을 확인한다. 8시 30분부터 진행되는 팀 회의에 참석해 이번 달 판매하는 상품에 대한 간단한 소개와 전략을 브리핑한 뒤 11시부터 거래업체 직원과 외부 회의를 진행한다. 미팅 겸 점심식사를 마친 후에는 시장조사를 위해 백화점 두 곳을 방문한다. 소비자 선호도는 어떻게 변하고 있는지, 상품에 대한 평가는 어떤지, 상품은 어떤 식으로 진열되어 있는지 꼼꼼히 관찰하고 기록한 뒤 오후 5시가 되어서야 회사로 돌아온다. 한숨 돌릴 겨를도 없이 내일까지 마감해야 하는 보고서를 마무리하고 나니 벌써 퇴근시간을 훌쩍 넘겨버렸다.

자신의 전문적인 영역이 있고, 주체적으로 움직이며 업무를 이끌어갈 수 있는 힘과 리더십을 갖춘 H. 그녀야말로 전형적인 '도시녀'라고 볼 수 있다. 유통, 마케팅, 해외영업처럼 여성의 진출이 많지 않았으나 남성들과 동등하게 경쟁하고 성과를 내야 하는 역동적인 직무들은 활동성과 전문성이 특히 많이 요구된다. H처럼 수시로 외부 미팅을 나가고 시장조사를 해야 하기 때문이다. 이들에게는 전문성, 리더십, 세련된 이미지를 표현할 수 있는 '바지 정장', '세퍼레이트 정장', '셔츠'가 안성맞춤이다. 수시로 새로운 사람을 만나야 하는 직무일 때는 그 사람의 복장이 회사의 이미지를 좌우하기도 하지만, 무엇보다 직무의 효율성을 증대시킬 수 있는 실용적인 복장이 필요하다.

"흠잡을 데 없는 스펙과 검증된 실력에 상관없이 면접 장소에 나타난 지원자의 모습은 하나같이 똑같아요. 모두 검정 슈트와 흰 블라우스에 검정 구두, 모르는 사람이 보면 단체 유니폼인가 싶을 정도예요."

K기업 인사담당자의 지적이다.

유통, 마케팅, 해외영업처럼 활동성이 크고 단기 성과가 바로 나와야 하는 직무에 지원할 때는 보다 세련되고 도시적인 이미지를 강조하는 전략이 유리하다. 그렇다면 도도한 도시녀를 연상시킬 수 있는 복장들은 어떤 것이 있을까. 성(性)에 상관없이 일하는 모습을 강조하는 복장으로는 크게 세 가지가 있다.

첫째, 활동성과 남성미를 강조하는 바지 정장.

둘째, 개성과 세련미를 강조하는 세퍼레이트 정장.

셋째, 전문성을 강조하는 셔츠.

이 장에서는 커리어우먼을 떠올리는 자신감 넘치고 당당한 복장에 대해 알아보자.

파워를 강조하려면 바지 정장

"지원하고 싶은 직무는 R&D인데 여성스럽고 가녀린 이미지 때문에 걱정이에요. 면접장에는 모두 남성 지원자뿐이고요."

귀엽고 가녀린 외모의 여성 지원자는 남성에 비해 신뢰감을 주지 못할까 고민한다. 남성 지원자에 비해 체력과 조직적응력이 약해 보이지 않을까 염려하는 것이다. 이런 외모를 보완하고 우려를 불식시키기 위해서는 인터뷰 시에 목소리와 경험 사례들로 자신을 PR하면 된다. 이와 함께 이미지적인 부분에서 '남성성'을 표현할 수도 있다.

바지 정장은 진취적이고 도전적인 강인함과 세련된 여성미를 동시에 충족시키는 아이템이다. 바지 정장에 남성의 슈트를 연상시키는 셔츠를 입은 여성은 활동적인 비즈니스 우먼의 이미지를 전달한다. 힐러리 클린턴이 치마보다 바지 정장을 즐겨 입고, 우리나라 여성 정치인이 바지 정장을 입고 나타나면 언론이 '전투복 바지 정장'이라고 말하는 이유도 팬츠가 주는 강인함 때문이다.

파워풀한 도시녀로 만들어주는 바지 정장, 어떻게 선택할까?

바지 컬러는 블랙이 기본이고 다크 그레이나 네이비 등의 무채색 계열이 좋다. 같은 컬러의 재킷을 코디하면 클래식하고 단정한 느낌을, 밝은 재킷을 코디하면 활동적인 느낌을 준다. 화이트 컬러의 바지는 블루, 베이지 재킷과 코디하면 화사하고 감각적인 느낌을 주고, 블랙 재킷과 코디하면 단정한 오피스 룩이 된다. 정장 바지에는 얇은 벨트가 잘 어울리는

유통, 마케팅, 해외영업은 도시녀를 선호한다

데 블랙이나 브라운 벨트는 무난한 느낌을, 블루는 세련된 느낌을 준다.

겉감의 소재 중에서는 폴리에스테르가 구김이 가지 않아 면접에 가장 좋다. 화이트 바지는 속옷이 비치지 않는지 반드시 확인하고, 안감이 바지 밑단까지 오는 것을 구입한다. 기장은 구두를 신은 상태에서 발등을 덮을 정도로 맞추는 것이 좋다. 바지가 발등까지 오기 때문에 앞코가 둥근 것보다는 뾰족한 구두가 다리를 길어 보이게 한다.

바지의 핏과 주름도 고려해야 한다. 바지는 핏에 따라 스트레이트 팬츠와 와이드 팬츠로 나눌 수 있다. 스트레이트 팬츠는 흔히 말하는 일자 바지로, 허리부터 발목까지가 일직선으로 된 실루엣이어서 날씬해 보이는 효과가 있다. 와이드 팬츠는 폭이 넓은 바지로 골반부터 발목까지 쭉 넓게 떨어지는 디자인으로 다리가 길어 보이는 효과가 있다. 면접에서는 스트레이트 팬츠를 입는 것이 깔끔하다.

플랫 프론트 팬츠는 바지 허리에 주름이 없는 바지로 노턱팬츠라고도 한다. 주름이 하나면 원턱, 두 개면 투턱이라고 하며, 주름이 많을수록 여유 있는 핏으로 편안하다. 노턱팬츠가 다리를 가장 길어 보이게 하지만 면접 복장으로는 움직임에 불편함이 없도록 여유 있는 핏의 원턱 바지가 적격이다.

세련미를 강조하려면 세퍼레이트 슈트

흔히 콤비 슈트라 불리는 세퍼레이트 슈트는 상하의 컬러를 다르게 한 정장으로 서로 다른 색상과 소재는 감각 있고 세련되어 보인다. 세퍼레이트 슈트에서 가장 중요한 것은 컬러 조합이다. 서로 다른 컬러는 개성을 돋보이게 하여 새로운 이미지를 얻을 수 있다. 동일 컬러 조합이 주는 단조로움을 흥미 있게 변화시켜 세련미를 주는 것이다.

블랙 스커트와 짙은 그레이 재킷, 네이비 스커트와 블루 재킷, 브라운 스커트와 베이지 재킷 등 비슷한 계열의 컬러 조합은 가장 쉬운 코디네이션이다. 특히 블랙과 화이트, 블랙과 그레이 등 모노톤 컬러를 조합한 세퍼레이트 정장은 냉철하고 지적인 이미지를 준다. 반면 블루와 브라운, 네이비와 화이트, 네이비와 베이지, 아이보리 등 밝은 컬러의 조합은 경쾌하고 활동적인 이미지를 준다.

약간 통통한 체형이라면 짙은 컬러감의 조화가 좋으며, 상의는 밝게 하의는 어둡게 선택하는 것도 도움이 된다.

전문성을 강조하려면 셔츠

다양한 스커트와 팬츠에 활용해 지적인 이미지를 연출할 수 있는 셔츠는 재킷 없이 입어도 깔끔하고 세련된 전문가로 보이게 하는 아이템이다. 셔츠의 매력은 특히 브이존에 있는데, 목에서 가슴으로 떨어지는 셔츠 앞부분의 실루엣을 브이존이라 한다. 셔츠 단추를 다 채워서 입으면 사무적인 느낌이 강한 반면 한두 개 정도 풀러 입으면 활동적이고 열심히 일하는 커리어우먼의 이미지가 강조된다.

면접에서 신뢰감을 줄 수 있는 셔츠 컬러는 흰색과 블루다. 시크함의 대명사인 동시에 친근함이 느껴지는 스트라이프 셔츠도 좋다. 간격이 좁고 연속적인 핀 스트라이프 셔츠는 슈트에 잘 어울린다.

단, 셔츠를 선택할 때는 유의할 점들이 있다. 셔츠는 여유 있는 핏으로

유통, 마케팅, 해외영업은 도시녀를 선호한다

구입하고, 가슴 부분이 벌어질 경우 작은 스냅 단추를 달아 단정하게 보완한다. 면접을 볼 때는 셔츠를 단정하게 넣어서 입어야 하므로 골반을 살짝 덮을 수 있는 긴 셔츠를 선택한다. 소재는 100퍼센트 면이 좋으나 구김이 덜 가고 활동하기 편하려면 스판기가 있는 면소재로 선택한다. 실크소재는 드레시한 느낌이 들고 고급스러우나 세탁이 어렵다.

업무의 전문성을 돋보이게 만들고, 사람들의 기대감을 증진시키고 무엇보다 함께 일하는 사람들의 니즈를 잘 반영할 수 있게 만드는 세부적인 배려와 관심. 그것이 바로 직무에 맞는 최적의 패션 스타일링일 것이다.

면접을 위한 이너웨어 온오프라인 매장

컨설팅을 하다보면 의외로 기본 이너웨어 구입이 힘들다고 하소연하는 여성 구직자가 많다. 재킷 안에 입을 수 있는 블라우스, 셔츠, 이너 탑 등 기본 아이템을 구입할 수 있는 온오프라인 매장을 알아보자.

나인걸 www.naingirl.com

일반 매장에서 찾기 힘든 브이넥 블라우스, 슬리브리스 이너탑 종류가 많다. 커리어우먼을 위한 베이직 아이템들이 많이 구비되어 있는데, 이너웨어 제품은 5만 원 미만의 저렴한 가격으로 구매가 가능하다. 서울 지역의 경우 오프라인 매장도 있으니 직접 입어보고 구입하면 된다.

디그 www.digue.com

여성스러운 느낌의 정장 스타일이 많은 브랜드로 이너탑과 블라우스 종류가 많다. 비즈니스 캐주얼로 입을 수 있는 심플한 스타일의 원피스와 팬슬 스커트, 셔츠 스타일의 블라우스도 추천할 만하다.

디코이시티 www.decoy.co.kr

블랙, 화이트, 베이지 등 모던하고 심플한 스타일이 많다. 특히 에센셜 아이템들이 잘 구비되어 있는데, 이너탑으로 활용 가능한 새틴 소재의 캐미솔도 컬러별로 구매 가능하다.

매그제이 www.magjay.com

셔츠형, 노칼라, 민소매 등 디자인별로 카테고리가 구성되어 있어 얼굴형과 체형에 맞는 이너웨어를 쉽게 선택할 수 있다. 면접에 필요한 베이직 아이템들이 잘 정리되어 있으므로 이용하기 편하다.

유니클로 www.uniqlo.com

캐주얼로 유명한 브랜드지만 소재가 좋아 정장 이너웨어로 기본 아이템들을 구비해 두면 좋다. 여름에 나오는 에어리즘, 브라톱은 이너탑으로 활용 가능하고, 겨울에 나오는 히트텍은 정장 속에 입으면 한결 따뜻하다.

광고, 홍보, 디자인은
톡톡 튀는 감성을 드러내라

여성 구직자의 면접 복장은 대부분 투피스 정장에 블라우스다. 이런 복장으로 개인의 개성이나 색깔이 드러날 리는 만무하다. '복장'이 단순한 패션을 넘어 빛을 발하는 순간은 타고난 이미지와 기질, 그리고 하는 일을 제대로 반영하고 있을 때일 것이다. 이 같은 맥락에서 똑같은 슈트 차림의 면접 복장은 정답이 아닐 수 있다. 직무 성격에 따라 선호하는 복장 이미지, 복장의 디테일 차이, 액세서리 정도가 달라져야 하는 것이다. 특히 광고, 홍보, 디자인처럼 창의성과 아이디어가 중요한 직무에서는 독특한 액세서리나 스카프, 포인트 아이템으로 톡톡 튀는 감성을 드러낼 필요가 있다.

면접의 기본은 지키면서 직무에 맞춰 개성 있게 옷을 잘 입는 노하우를 터득해 보자.

트렌드를 반영하라

창의적인 내용을 주로 다루는 직무에서는 '개성 있게 옷을 잘 입는 사람이 일도 잘할 것이다' 라는 인식이 강하다. 창의성은 '기존의 것이 아닌 새로운 것을 생각해내는 특성' 을 말한다. 새로운 시각은 틀에 얽매이지 않는 유연한 환경 속에서 나오기 때문에 획일화된 기본 정장 스타일에서 벗어나면 더 자유롭고 유연한 사고가 가능하다고 생각한다.

창의성이 강조되는 직무에서는 비즈니스 캐주얼을 선호하므로 정장을 기본으로 하되 핏과 디테일에 변화를 주는 스타일을 선택한다. 비대칭적인 커팅이 돋보이는 재킷이나 비대칭적인 라인의 스커트를 선택하는 것도 좋은 방법이다. 독특한 디테일의 재킷, 파워숄더형 재킷, 하이웨이스트 스커트도 개성만점이다.

투피스 정장이 아닌 원피스도 좋은 아이템이다. 원피스는 여성스러운 매력을 발산하고, 투피스 일색인 면접장에서 튀지 않으면서도 개성을 보여줄 수 있다. H라인 원피스는 단정한 느낌을, A라인 원피스는 여성스러운 느낌을 준다. 장식이나 프린트가 없는 베이직한 디자인의 원피스는 허리라인에 벨트를 하면 좋다. 저지원피스나 프린트 원피스에 재킷을 입어주면 개성 있는 포멀룩을 연출할 수 있다.

트렌드를 반영한 스타일로 개성과 창의성을 보여주자.

광고, 홍보, 디자인은 톡톡 튀는 감성을 드러내라

비즈니스 캐주얼을 활용하라

실제로 광고나 홍보, 디자인 직무 면접에서는 비즈니스 캐주얼을 드레스 코드로 지정하는 경우가 많다. 같은 기업의 구성원들은 가치관뿐 아니라 옷 입는 방법까지 서로 공유하며 기업의 특색이 드러나는 기업문화를 만들어간다. 그 직무에 있는 직원들이 비즈니스 캐주얼을 입기 때문에 신입사원 면접에서도 같은 드레스코드를 명시하는 것이다.

그러나 정작 구직자는 비즈니스 캐주얼의 의미에 대해 혼란스러워한다. 지금 가지고 있는 정장을 모두 버리고 새로 구입해야 하는 건 아닐까 고민하기도 한다. 정장도 아니고 캐주얼도 아닌 비즈니스 캐주얼은 무엇을 말할까? 정장과 비즈니스 캐주얼의 차이는 '생략'에 있다. 정장의 기본이 되는 스커트나 이너웨어, 재킷 중 하나를 생략하는 것이다.

첫째, 정장 스커트나 바지에 기본 셔츠와 블라우스를 매치하고 재킷을 생략하면 비즈니스 캐주얼이 된다.

둘째, 이너웨어와 스커트를 따로 입지 않고 원피스에 캐주얼 재킷을 매치하면 비즈니스 캐주얼이 된다.

셋째, 재킷 속에 셔츠나 블라우스 등 정장 이너웨어를 입는 대신 니트나 티셔츠를 매치하면 비즈니스 캐주얼이 된다.

비즈니스 캐주얼은 비즈니스에 무게를 둔 캐주얼로 포멀한 아이템의 '생략'을 통해 딱딱한 느낌을 줄이는 것이다.

얼마 전 서울 S여대 컨설팅에서 만난 지원자 L이 말했다.

"패션회사 MD 면접을 갔는데 면접관이 오늘 입은 스타일이 어떤 콘셉트인지 물어봤어요. 공들여 준비한 스타일인데 갑자기 물어보니까 제대로 대답을 못하고 말았어요. 속이 많이 상해요."

면접관은 개성과 창의력, 아이디어 발상 능력 등을 측정해야 되는 일부 직무의 경우 복장과 관련된 구체적인 질문을 던지기도 한다. 구직자의 경우에는 자기소개나 지원동기 등 제한된 예상 질문만을 뽑아 준비하기 때문에 복장과 관련된 질문은 구직자를 당황스럽게 만들 수 있다.

어떻게 대답하면 좋을까?

광고대행사 면접을 본 지원자 C는 검정 정장에 빨갛고 큰 코르사주를 달았다. 복장에 대한 면접관의 질문에 "검은 정장은 구직자의 막막함을 반영하는 것이며, 빨간 코르사주는 그 속에서도 꿋꿋이 피어나는 자신의 열정"이라고 답했다. C처럼 면접관의 관심도 끌고 자신의 의상을 재치 있게 설명하는 모습은 큰 플러스가 될 수 있다.

특히 패션 브랜드에 지원할 경우는 해당 브랜드의 제품을 활용하는 것이 좋다. 브랜드의 콘셉트와 나의 스타일을 통일함으로써 면접관은 지원자가 지니고 있는 지식 정도와 직무 일치도 수준도 가늠할 수 있다.

개성 있는 스타일과 거기에 맞는 스토리까지 준비한다면 복장 자체로도 자신의 이야기를 전달할 수 있는 것이다.

포인트 아이템을 활용하라

매일 정장을 입어야 하는 직장 여성들이 많이 활용하는 포인트 아이템이 스카프다. 스카프 하나로도 같은 정장을 다른 옷으로 변신시킬 수 있고, 비슷비슷한 정장 패션에서 개성을 보여줄 수 있기 때문이다. 무채색 정장에 컬러감 있는 스카프를 매치하면 화사함과 세련미를 줄 수 있다.

스카프는 길이와 연출 방법에 따라 다양한 스타일링이 가능하다. 먼저 정사각형 스카프는 사선으로 접어 숄로 활용한다. 긴 직사각형 스카프는 숄처럼 어깨 위에 두른 뒤 앞에서 매듭을 지어도 되고, 한두 번 목에 둘러 자연스럽게 아래로 늘어뜨린다. 이때 양쪽 끝을 맞추지 않고 한쪽을 길게 하면 멋스럽고 다리가 길어 보인다. 정장 안쪽에 스카프를 넣어 재킷 칼라 안쪽으로 살짝 보이도록 버튼을 채워주면 단정하면서도 세련된 느낌을 준다.

스카프 외에 오렌지나 블루 등 컬러 포인트가 되는 구두, 볼드한(굵직하고 묵직한 느낌) 빈티지 액세서리, 코르사주, 컬러감 있는 벨트 등도 밋밋한 정장에 포인트가 될 수 있다. 포멀한 정장을 기본으로 하되 회사의 문화와 직무를 고려한 포인트 아이템을 활용하자.

스카프 하나로 개성을 돋보이게 할 뿐 아니라 다양한 스타일링으로 변신이 가능하다.

얼마 전 모임에서 만난 패션회사 디자이너 K씨는 플라워패턴 원피스에 롱재킷을 매치하고 컬러감이 돋보이는 구두와 에스닉한 귀걸이로 시선을 끌었다. 한눈에 봐도 개성 있는 패션업계 종사자 같은 느낌이었다. 패션을 통해 직업까지 가늠할 수 있게 한다면 성공이다.

용납할 수 없는
면접 패션

"합숙 면접을 위한 드레스코드를 자유복으로 공지했더니 정말 황당한 일이 벌어졌어요. 레깅스에 어그부츠까지 신고 온 여성 구직자가 있었으니 말 다했죠. 도대체 어디까지 알려줘야 하는 건지 원."

얼마 전 만난 면접관의 푸념이었다. 기업마다 복장 자율화가 도입되면서 면접 복장에도 변화가 일어나기 시작했다. 예전에는 거의 대부분이 정장 면접이었지만 요즘은 다양한 드레스코드로 면접을 보는 것이다. 기업에서 다양한 드레스코드로 면접이 이루어지는 것은 반가운 일이다. 획일화되지 않은 복장의 자율화는 더 우수한 인재를 뽑고자 하는 기업의 노력이자 지원자에게 창의적 사고를 발휘할 수 있도록 하는 장치다.

당연히 자유복 드레스코드는 캐주얼에 속한다. 하지만 캐주얼이라고 해도 면접에서는 직장인으로서의 준비자세가 필요한데, 회사의 복장규정에 익숙하지 않은 구직자들은 종종 실수를 하는 경우가 생기곤 한다.

하나만 기억하자. 복장이 자유로워졌다 해도 회사는 놀이터가 아닌 비즈니스가 이루어지는 장소라는 사실이다. 면접에서 드레스코드를 따로 명시하는 경우에는 드레스코드를 따라야 한다. 회사에서 '캐주얼'을 요구하는데 정장을 고집하는 것은 잘못된 연출이다. 그리고 캐주얼을 연출할 때는 회사의 복장규정과 피해야 할 아이템들을 꼼꼼히 살펴보아야 한다. 규정 안에서 개성을 강조할 수 있는 복장이 바로 전략이다.

이 장에서는 면접에서 절대 용납되기 어려운 패션과 아슬아슬한 경계에 있지만 그래도 허용이 되는 캐주얼 아이템은 뭐가 있는지 살펴보자.

면접을 망치는 주범 레깅스

대기업 홍보실에 첫 출근한 P는 입사하면 정장을 입어야 한다는 생각에 답답했다. 그런데 막상 출근을 하고 보니 자율복장을 권장하는 회사 분위기가 반가웠다. 어느 날 평소 즐겨 입던 레깅스에 원피스를 입고 출근했는데 선배들이 자꾸 자신을 흘깃흘깃 쳐다본다는 걸 알아차렸다. 아니나 다를까, 점심시간에 한선배가 P에게 조언했다.

"직장에서는 그런 요상한 레깅스보다 스타킹을 신는 게 좋을 거 같아."

아무리 자율복장이라고 해도 회사가 원하는 복장이 아닌 경우에는 주의를 받을 수 있다는 걸 깨닫는 순간이었다.

레깅스는 컬러와 형태에 따라 허용여부가 달라진다. 한겨울에 블랙 컬

용납할 수 없는 면접 패션

러 스타킹처럼 발까지 감싸는 '유발 레깅스'는 모직치마나 투피스 정장에 신어도 문제가 되지 않는다. 그러나 발목까지 오는 무발 레깅스와 뒤꿈치를 걸도록 나온 '고리 레깅스'는 절대 불가다. 컬러는 블랙과 차콜그레이만 가능하며, 무늬가 없는 민무늬만 허용된다.

직장에서의 금지 아이템은 면접에서도 피해야 한다. 면접은 직장생활의 시작이라는 점을 명심하자.

청바지가 면접 복장?

복장 자율화 이후 기업마다 사내 복장 규정이 존재하는데, 차이는 있지만공통적으로 금지하는 아이템이 바로 청바지다. 물론 최근 일부 항공사와IT회사에서는 청바지를 지정하여 면접을 본 경우도 있었다. 그러나 드레스코드로 청바지를 명시하는 경우가 아니라면 청바지는 입지 않는 것이좋다.

단, 블랙진의 경우는 가능하다. 청바지를 금지하는 기업에서도 블랙진은 예외로 허용하는 경우가 많다. 블랙진은 날씬해 보이는 시각적인 효과와 함께 재킷과 매치하면 포멀한 느낌을 준다. 블랙진을 선택할 때는 트렌디한 스키니 핏보다는 일자형이 좋다. 일자형은 너무 짧으면 다리가 짧아 보이므로 복사뼈를 덮을 정도로 길게 입는 것이 예쁘다.

블랙진과 함께 허용되는 하의 아이템은 치노팬츠다. 면바지라고 불리는 치노팬츠는 캐주얼의 기본 아이템으로 베이지나 네이비, 블랙 등 기본컬러는 단정하고 깔끔한 느낌을 준다. 봄, 여름에는 밝은 컬러의 치노팬츠도 가능하다.

티셔츠는 가능할까

'복장: 캐주얼 차림을 기본으로 함. 면 티셔츠 및 민소매 옷, 청바지는 착용 불가함'

　모 대기업에서 합격자들에게 보낸 신입교육 안내 메일의 일부분이다. 여기서 눈여겨봐야 할 부분이 면 티셔츠다. 구직자 입장일 때는 즐겨 입었던 면 티셔츠가 회사에서는 착용 불가인 아이템이 되었다.

　티셔츠는 속옷에서 유래한 것으로 비즈니스가 이루어지는 직장에서는 확실히 부적절해 보인다. 특히 깃이 없는 라운드티나 후드티의 경우는 가벼운 인상을 주는데, 흰색 라운드티는 운동할 때나 속옷처럼 이너웨어로 입는 경우가 많아서 더욱 그렇다.

　반면 허용되는 티셔츠도 있다. 같은 면 티셔츠라도 칼라가 있고 단추가 있는 '피케셔츠'는 가능하다. 또한 다른 아이템을 추가하여 조금 더 정형화된 캐주얼 복장으로 응용할 수 있는 방법도 있다. 예를 들어 컬러감이 있는 라운드 티셔츠 위에 브이넥 베스트를 입어 라운드 네크라인을 보완하는 것은 괜찮다. 티셔츠만 단품으로 입는 것이 아니라 카디건을 함께 입는 것도 한 방법이다. 면 티셔츠 위에 니트나 저지로 만든 카디건을 입으면 포멀한 느낌을 준다. 단품으로 입을 때는 브이넥 카디건을 선택하면 잘 어울린다.

　피케셔츠와 함께 허용되는 상의 아이템은 셔츠와 블라우스로, 정장과 캐주얼의 경계를 넘나드는 아이템이다. 정장 이너웨어로 연출할 때는 민무늬 디자인에 흰색, 아이보리 등 기본 컬러를 선택하고, 캐주얼로 연출할 때는 파스텔이나 비비드한 컬러로 포인트를 주면 좋다. 스트라이프나 체크무늬는 활동적인 느낌을 준다.

은근한 면접 테러리스트, 운동화와 부츠

복장을 잘 갖춰 입었어도 적절한 신발을 선택하지 못하면 이미지 스펙에서는 마이너스 점수를 받기 쉽다. 특히 면접관들은 '은근히' 운동화와 부츠를 신은 구직자들이 많아 놀랍다는 말을 전한다.

자유 복장에서 대체 왜 운동화와 부츠는 NG 아이템으로 손꼽히는 것일까?

운동화는 사전적 의미로, 운동할 때 신는 신 또는 평상시에 활동하기 편하게 신는 신이다. 즉 축구나 야구 등 운동을 할 때 신는 신발이란 뜻이다. 하지만 운동화를 언제 주로 신는가를 가만히 살펴보면 심리적인 상황 또한 가늠할 수 있다.

"운동화요? 동네 산책가거나 휴일에 친구 만날 때 신어요."

"가까운 곳에서 운동할 때 챙겨 신죠."

즉 운동화는 친한 친구를 만나거나 시험공부를 할 때처럼 복장에 굳이 신경을 쓰고 싶지 않을 때 선택하게 되는 신발로, 격식을 차리지 않았다는 의미로 전달될 수도 있다. 재질이 캔버스로 된 캔버스화도 마찬가지다.

부츠 또한 격식을 제대로 갖추지 못했다는 느낌을 주는 신발이다. 부츠의 유래를 살펴보면 부츠는 19세기 중엽까지는 '남성의 신발'이었다. 잘 벗겨지지 않고 가시 등으로부터 발을 보호하기 위해 만든 기능성 신발이었다고 한다. 때문에 아직까지도 부츠를 신으면 남성적인 강한 이미지를 주게 돼, 여성 구직자에게는 격식을 차린 여성 복장을 입지 않았다는 편견이 생길 수도 있다. 특히 어그부츠는 투박하고 세련되지 못한 겉모습이 '못생겼다' 는 영어 단어 어글리ugly에서 유래됐다는 설이 있을 정도로 디자인적인 측면은 아예 무시한 경향이 있다. 기본적으로 디자인을 포기한 채 따뜻한 신발이기만을 고집하는 어그부츠는 '이기적' 인 느낌을 주기 때문에 어그부츠를 신으면 덩달아 '이기적인 사람' 이라는 생각을 갖게 할 수도 있다. 운동화나 부츠 모두 면접 상황에서는 부정적 이미지를 유발하기 쉬운 NG 신발인 셈이다.

　캐주얼 복장에는 운동화나 부츠보다는 로퍼나 플랫슈즈를 추천한다. 가죽과 운동화를 통합한 스니커즈도 좋은데, 가죽이 주는 느낌 때문에 운동화보다 격식 있는 신발이라는 느낌을 줄 수 있다.

여자의 자존심 킬힐!
면접에서는 NG

커리어우먼의 스타일을 완성하는 아이템은 바로 구두다. 긴장감이 느껴지는 테일러드 재킷에 심플한 블라우스와 H라인 스커트까지 완벽한 구성을 했어도 플랫슈즈나 단화를 신으면 스타일을 망칠 수 있다. 때문에 책상 밑에 단화나 슬리퍼를 준비해두고 편하게 일하던 커리어우먼도 상사를 만나거나 외부 손님과 미팅을 하는 순간만은 다시 하이힐로 돌아온다. 굽이 있는 신발이 정중해 보이고 갖춰 입은 첫인상을 주기 때문이다.

하지만 직장인 신분이 되면 가장 먼저 버려야 할 것이 블링블링한 킬힐이다. H기업 교육담당자는 인턴 여직원이 킬힐을 신고 다니는 또각또각 소리가 귀에 거슬린다며 하소연한다. 직장에서는 급한 업무처리로 뛰어

다녀야 할 때도 있고, 장시간 회의나 야근으로 이어질 때도 있기 때문에 업무 중에 8센티미터 이상의 하이힐을 신는 것은 무척 힘들고 불편하다.

커리어우먼에게는 불필요한 시선이 가지 않고 장시간 활동에도 불편함이 없는 구두가 가장 적절하다. 커리어우먼 스타일을 완성하는 구두에 대해 알아보자.

가장 추천할 만한 구두는 플레인 펌프스

나는 블랙 펌프스를 여러 켤레 가지고 있다. 기본 펌프스를 만나기가 쉽지 않아, 마땅한 펌프스 구두를 발견할 때마다 소재와 굽, 높이별로 다양하게 구입하고 있다. 그중 가장 아끼는 펌프스는 3년 전 수제 구두매장에서 구입한 블랙 펌프스다. 앞코가 뾰족해 세련된 느낌을 주고 5센티미터 굽이라 장시간 서 있어도 별 무리가 없다. 뿐만 아니라 반짝이는 에나멜 소재라 바지 정장과 스커트 정장 모두에 잘 어울리고 청바지에 매치하면 캐주얼한 청바지가 클래식하게 변신한다. 이런 매력과 편안함 때문에 몇 년이 지난 지금도 계속 수선해 가며 애용하고 있다.

펌프스는 끈이 없고 앞코와 뒤가 다 막혀 있는 기본적인 슈즈다. 앞부

여자의 자존심 킬힐! 면접에서는 NG

분이 낮고 발등이 많이 드러나는 디자인이어서 쉽게 신고 벗을 수 있으니, 징장 차림에 잘 어울리는 심플하고 클래식한 느낌이다. 하이힐과 펌프스를 헷갈려 하는 사람들이 많은데, 하이힐은 굽의 종류를 얘기하는 것이고 펌프스는 구두 형태를 말하는 것이다.

펌프스는 여러 종류가 있는데 면접에는 장식 없이 깔끔하게 떨어지는 플레인 펌프스가 가장 좋다. 앞코 부분이 오픈된 오픈토 펌프스는 발가락이 보여 예절을 갖춰야 하는 면접에서 바람직하지 않다. 구두 앞부분이 다르게 처리된 샤넬 펌프스나 장식이 들어간 원포인트 펌프스 역시 화려한 느낌이 들어 조심스럽다. 면접용으로 구입할 때는 장식이 없고 앞코가 뾰족한 '포인티드 토' 펌프스가 가장 제격이다.

그러나 앞코가 뾰족한 펌프스가 잘 맞지 않는 발을 가진 사람도 있다. 발이 크고 볼이 넓은 Y 역시 그런 경우였다.

"발이 크고 볼이 넓어서 그런지 앞코가 뾰족한 신발들은 늘 불편해요. 며칠씩 밤샘 작업을 한 것처럼 피곤하고 잔 통증까지 생겨요. 그래서 생각한 것이 앞코가 둥글고 볼이 넓은 라운드 코죠. 제게는 이런 스타일이 딱이예요."

Y처럼 살이 오른 발을 가진 사람은 앞코가 뾰족한 펌프스는 살이 눌려 아프고 답답해 보일 수 있다. 이런 구직자들은 구두 앞코가 둥글게 된 '라운드 토'나 네모진 모양의 '스퀘어 토'를 선택하면 된다.

펌프스는 정장과 잘 어울리고 앞뒤가 막혀 있어 '격식'을 차려야 하는 경우 가장 적합하다. 하지만 발의 모양과 하는 일 등을 고려하여 펌프스의 앞코나 굽 높이 등을 각자의 상태에 맞게 선택하는 것이 필요하다.

잘 걸을 수 있는 굽높이가 정답!

"키가 작아서 굽이 높은 구두로 커 보이고 싶어요."

"키가 172센티미터나 되요. 큰 키 때문에 플랫슈즈만 신는데, 면접에서 플랫슈즈 괜찮을까요?"

"몇 센티미터 굽이 좋은가요?"

강의가 끝나면 여학생들이 우르르 몰려나와 묻는 것들이다.

구두는 높이에 따라 하이힐, 플랫, 키튼힐로 나눌 수 있다. 일반적으로 면접 구두의 굽은 5센티미터가 적당하다. 신었을 때 가장 안정적이기 때문이다. 키가 작아서 높은 굽을 신었는데 휘청거린다면 보는 사람이 불안하다. 그러나 하이힐에 단련이 되어서 7센티미터를 신고도 자연스럽게 잘 걸을 수 있다면 상관없다.

키가 큰 사람이 키튼힐을 신으면 안정적이고 차분한 이미지를 준다. 키가 170센티미터 이상인 여성의 경우에도 아예 굽이 없는 구두보다는 3~4센티미터의 낮은 굽이 있는 키튼힐이 격식을 갖춘 느낌을 준다. 키튼힐의 경우에는 앞코와 구두굽을 연결하는 라인이 하이힐과 유사한 격식 있는 구두 스타일이기 때문이다.

때문에 이동 근무가 많은 여성들에게는 편안하면서 격식을 갖춘 키튼힐이 인기 만점이다. 나의 경우 승무원이나 호텔리어, 서비스직에 종사하는 대학 동기들과 함께 공동구매로 키튼힐 스타일의 구두를 사곤 한다. 하루 종일 서서 일을 해도 무리가 없다는 것이 우리의 종합적인 평가다.

그렇다면 플랫슈즈는 어떨까?

"하루 8시간 이상 서서 아르바이트를 하느라고 플랫 슈즈를 신는데,

다리가 붓고 더 힘든 거 같아요. 굽도 없는데 왜 다리가 이렇게 피곤할까요?"

일반적으로 구두굽이 낮을수록 오래 서서 일하거나 활동하는 데 더 유리하다고 생각한다. 하지만 활동성과 구두굽 높이가 꼭 반비례하는 것은 아니다. 굽이 너무 높을 경우에는 발가락과 발의 앞쪽에 무리감이 증대되지만 아예 없을 경우에는 완충지대 하나 없이 발 전체로 몸의 압력을 버텨내야 하기 때문에 도리어 피로감이 증대될 수 있다. 바른마디 정형외과 김재훈 원장은 "굽이 낮을수록 좋다는 생각은 잘못된 상식이다. 지나치게 굽이 낮은 플랫슈즈는 발뒤꿈치에 많은 압력을 주고 바닥에서 전해지는 충격이 그대로 발바닥에 흡수되기 때문에 오히려 좋지 않다."고 조언한다.

앞에도 굽이 있는 가보시힐은 NG

구두는 굽의 모양에 따라 스틸레토 힐, 웨지힐, 플랫폼힐로 나눌 수 있다. 가늘고 뾰족한 굽의 스틸레토 힐은 강한 이미지를 주고 보는 이를 불안하게 만든다. 스틸레토 힐은 아찔하고 섹시한 느낌으로 이성에게는 호

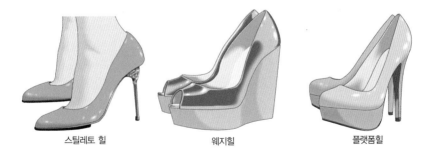

| 스틸레토 힐 | 웨지힐 | 플랫폼힐 |

감을 줄지 모르지만 면접관에게는 비호감이다. 반대로 통굽으로 바닥에 붙어 있는 '웨지힐'은 발이 편안한 장점은 있지만 평평하고 두꺼운 통굽 때문에 투박한 무게감이 느껴지는 게 단점이다.

최근 들어 많은 여성이 즐겨 신는 구두가 '가보시힐'이라고 불리는 플 랫폼힐이다. 플랫폼힐은 언뜻 보면 펌프스 같지만 발바닥 앞부분에도 2~3센티미터의 굽이 있다. 플랫폼이 들어간 구두는 전체적으로 굽이 높 지만 일반 하이힐보다 편하다는 장점이 있어 선호하게 된다. 그러나 가보 시가 많이 들어가면 면접 시 워킹이나 자세에 부정적인 영향을 끼칠 수 있다.

면접 구두는 가보시가 없으면서 굽도 스틸레토힐처럼 얇은 굽보다는 약 간 두꺼운 것이 안정적이면서 차분한 느낌을 준다.

슬링백슈즈

뮬슈즈

엣지 있는 구두도 면접에서는 NG

스트랩슈즈
가죽이나 천 같은 다양한 소재로 묶거나 둘러져 있어 발의 노출이 가장 많은 스트랩슈즈는 섹시한 느낌을 주지만 면접에서는 NG 아이템이다.

슬링백슈즈 & 뮬슈즈
발꿈치 부분이 오픈된 형태이며 발꿈치를 감싸는 스트랩이 발을 고정해주는 슈즈로 샌들에 많이 사 용되는 슬링백(백오픈)슈즈와 뒤꿈치 부분이 끈

메리제인 슈즈

굽높이에 따른 구두 종류

① 하이힐: 뒷굽이 5~7센티미터 정도의 높은 구두
② 킬힐: 하이힐 중에서 뒷굽이 10센티미터 이상 되는 구두
③ 키튼힐: 높이가 3~4센티미터 정도의 낮은 구두
④ 플랫슈즈: 굽이 1센티미터 미만인 매우 낮은 평평한 단화

이나 막힘이 없이 뚫려 있는 슬리퍼 형태 뮬슈즈는 너무 캐주얼한 느낌이어서 단정한 면접에는 적합하지 않다.

메리제인 슈즈

발등을 가로지르는 스트랩이 달린 메리제인 슈즈는 귀엽고 로맨틱한 느낌이 들지만 당당한 커리어우먼과는 거리가 먼 이미지이다.

로퍼

로퍼와 플랫을 헷갈려하는 사람이 많은데, 로퍼는 발등을 덮고 있는 슈즈 전체를, 플랫은 굽이 낮은 신발 전체를 말한다. 로퍼는 정장 면접보다는 캐주얼 면접에 어울리는 구두이다.

액세서리, 잘하면 플러스
과하면 마이너스

면접 패션에서 놓치기 쉬운 아이템이 바로 액세서리다. 포멀한 면접 정장에 어울리는 액세서리를 잘 하면 플러스가 될 수 있다. 작은 액세서리로 화사한 이미지를 더할 수도 있고, 시계를 착용해서 시간관리를 잘 하는 사람이라는 암시를 줄 수도 있다. 프레젠테이션 면접에서 왼쪽 가슴에 브로치로 포인트를 줘서 면접관의 시선을 끌 수도 있다.

그러나 과한 액세서리는 오히려 마이너스다. 치렁치렁한 액세서리를 하고 면접장에 들어가는 여성 구직자는 꼴불견이다. 지나친 액세서리는 과시욕을 드러내거나 사치스러워 보일 수 있다.

실제로 취업포털 사이트 '인크루트'가 인사담당자 354명을 대상으로 설문조사를 실시한 결과 46.3퍼센트의 인사담당자가 '과도한 액세서리' 를 넌섭 시 가장 비호감 요소라고 답했다. 인사담당자 입장에서는 파티장소에나 어울릴 법한 액세서리로 치장한 지원자가 사회생활을 전혀 모르는 개념 없는 사회초년생으로 생각되는 것이다.

과하면 마이너스가 되지만 잘만 하면 플러스가 되는 액세서리 연출 방법을 알아보자.

화사한 인상 주는 귀걸이

귀걸이는 커리어우먼이 가장 많이 활용하는 액세서리로, 시선을 귓불 쪽으로 분산시켜 얼굴형을 보완하고 반짝거리는 시각적 효과로 화사한 인상을 준다. 일반적으로 귀걸이를 선택할 때는 얼굴형이 기준이 되지만 면접에서는 얼굴형보다 면접이라는 상황의 특성에 맞게 귓불에 딱 붙는 스터드형 귀걸이를 하는 것이 좋다. 아래로 길게 떨어지는 드롭형이나 링 귀걸이는 화려한 첫인상을 줄 뿐 아니라, 면접 내내 작은 움직임에도 흔들려 주의를 산만하게 한다.

스터드형 귀걸이를 기본으로 하면서 직무에 따라 소재에 변화를 주면 차별화된 이미지를 연출할 수 있다. 앞서 언급한 '촌스러운 스타일'을 선호하는 보수적인 직무에 지원할 때는 진주귀걸이가 좋다. 진주귀걸이는 격식 있게 차려입은 듯한 클래식함이 느껴져 단정한 이미지를 주고, 화려하지 않으면서도 우아하고 부드러운 인상을 준다. 진주는 여성들만 할 수 있는 보석이란 이유로 여성성이 강조된다.

'도시녀 스타일'을 선호하는 직무에서는 큐빅과 실버가 좋다. 쿨톤의

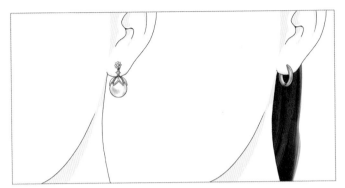

면접에서는 얼굴형보다 면접이라는 상황의 특성에 맞게 귓불에 딱 붙는 스터드형 귀걸이를 하는 것이 좋다.

실버가 활동성과 밝은 이미지를 느끼게 한다. '스타일리시한 스타일'을 선호하는 직무에 지원한다면 빈티지 느낌이나 에스닉한 액세서리가 플러스 요인이 될 수 있다.

목이 길어보이는 목걸이

면접에서는 귀걸이와 목걸이를 둘 다 하면 과한 연출이 되므로 하나만 선택하는 것이 좋다. 귀걸이를 하지 않은 경우 목이 드러나는 이너웨어로 허전한 느낌이 든다면 목걸이로 포인트를 주는 것도 좋은 방법이다. 목이 가늘고 길거나 상체가 빈약한 여성의 경우 목걸이를 하면 체형을 보완할 수 있고, 키가 작은 여성의 경우도 목걸이 덕분에 시선을 상체로 끌어올릴 수 있다.

목걸이는 길이에 따라 다양한 스타일을 연출할 수 있는데 면접에서는 초커나 프린세스 정도의 길이가 적당하다. 초커는 35~40센티미터 정도

액세서리, 잘하면 플러스 과하면 마이너스

로 목에 딱 맞는 목걸이를 말하며 쇄골에 착용하여 목이 가늘고 긴 여성에게 좋다. 프린세스는 43~49센티미터 길이의 기본 사이즈로 목 길이가 길어 보이는 장점이 있으므로 목이 짧은 체형이나 턱이 넓은 얼굴형에게 좋다. 50센티미터 이상 되는 오페라, 로프 등 길게 늘어뜨리는 목걸이는 경력직이면 괜찮지만 신입 면접에서는 적당하지 않다.

진주나 큐빅 등의 단순하고 작은 팬던트는 면접에서 단정한 이미지를 준다. 실버는 시원하고 젊은 이미지를 주며, 골드는 따뜻한 이미지이다. 이때 종교적 의미를 강조한 팬던트나 이니셜 팬던트는 하지 않는 것이 좋다. 개성이 강조되는 직무에서는 볼드한 느낌의 빈티지 목걸이나 과하지 않은 커스텀 주얼리를 활용한 포인트 액세서리로 패셔너블한 느낌을 줄 수 있다.

의미 있는 사치품, 시계

면접에서는 시계가 필수는 아니지만 의미 있는 선택이 될 수 있다. 시계를 착용한다는 것은 늘 시간을 체크하고 움직인다는 메시지를 준다. 그러나 너무 긴장한 탓에 면접장에서 자꾸 시계만 본다면 오히려 낭패니 조심해야 한다.

시계는 소재에 따라 가죽, 메탈, 우레탄으로 나눌 수 있다. 가죽과 메탈은 모두 클래식한 정장에 잘 어울리며, 펄감이 없는 메탈소재 시계는 모던한 느낌을 준다. 블랙과 브라운 계열의 가죽 밴드도 세련된 이미지다. 우

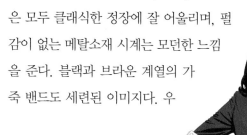

레탄 시계는 아웃도어용으로 캐주얼한 느낌이 강하므로 정장에는 하지 않는 것이 좋다.

모양은 네모나 동그라미 둘 다 상관없으나 너무 큰 것은 피하는 것이 좋으며, 전자시계나 핑크, 화이트 등 컬러감이 화려한 시계도 피하는 것이 좋다.

치명적인 약점, 반지

시계가 제공하는 부가적인 긍정적 기능과 달리 여성 구직자에게 반지는 치명적인 약점이 될 수 있는 액세서리다. 여성 입장에서는 단순히 기분전환과 패션 포인트 액세서리로 활용할 수 있지만, 반지는 오랫동안 사랑과 결혼을 암시하는 장치로 사용되었기 때문이다.

고대부터 반지는 약혼과 결혼을 상징하는 도구였다. 여자는 장식 있는 은반지로 결혼할 사람이 있음을 암시했고, 결혼식을 올린 커플은 금이나 백금 소재 반지를 왼쪽 약지에 껴 기혼임을 알렸다. 이처럼 오랫동안 반지가 사랑하는 사람이 있거나 함께 사는 동반자가 있음을 표현하는 도구로 활용됐기 때문에 여성 구직자의 반지가 어떤 의미인지와 상관없이 면접관은 애인이 있거나 결혼한 여성이라고 받아들이기 쉽다.

여전히 우리 취업시장에서는 여성보다 남성을 선호하는 경향이 있다. 취업포털 '사람인'이 인사담당자를 대상으로 조사한 결과를 보면, 72.2 퍼센트가 여성보다는 남성을 선호하는 것으로 나타났다. 취업포털 '잡코리아' 조사에서는 기업이 여성을 채용했을 때 우려하는 것으로 1위 55.2 퍼센트가 결혼이나 출산 후 퇴사, 2위 47.80퍼센트가 강도 높은 업무 기

액세서리, 잘하면 플러스 과하면 마이너스

피, 3위 40.90퍼센트가 육아와 업무 병행 어려움, 4위 40.10퍼센트가 출산으로 인한 업무공백으로 나타났다. 1위와 4위 모두 출산으로 인한 변화를 염려하는 것을 보면 기업은 생산성과 효율성 측면에서 여성 구직자를 꺼리는 것을 알 수 있다.

여성 구직자 채용에 있어 면접관의 속마음은 신입사원이 임신과 출산 등의 이유로 이직을 하거나 퇴사를 할 수도 있음을 늘 염두에 두고 있는 것이다. 기업 입장에서도 공채는 많은 비용이 드는 투자이기 때문에 비용 대비 효율을 생각하는 것이 당연하다. 면접관의 이 같은 염려를 키울 수 있는 부정적인 단서는 애초부터 차단하는 것이 현명하다.

면접관들은 비즈니스 환경을 이해하고, 면접이라는 상황에 맞게 자신을 연출할 줄 아는 여성에게 신뢰감을 느낀다. 면접장에서 빛나야 하는 건 액세서리가 아니라 구직자 자신이다.

4
Chapter

메이크업으로
첫 인 상
리모델링하기

남성편

생기 있는
피부 만들기

"선생님, 면접 전날은 어떤 마사지 크림을 바르는 게 좋아요?"

강의 후 한 남학생이 주뼛주뼛 다가와 말을 건넨다. 그동안 스킨, 로션만 바르고 다녔는데 면접을 앞두니 거칠어진 피부가 좋지 않은 인상을 줄까 염려스럽다고 걱정했다.

면접에서 좋은 첫인상을 주기 위해 피부 관리법을 궁금해 하는 남성 구직자가 많아지고 있다. 면접 당일 건강하고 깔끔한 인상을 주는 깨끗한 피부를 만들기 위해서는 매끈하고 촉촉한 피부를 만드는 것이 먼저다. 남성의 피부는 여성에 비해 수분이 3분의 1밖에 되지 않기 때문에 수분관리를 잘못하면 피부가 푸석해지고 하얗게 일어난 각질 탓에 칙칙하고 생기 없어 보이기 쉽다.

생기 있는 피부를 만드는 비법은 두 가지만 기억하자. 잘 씻고 잘 바르면 된다.

빡빡 비누 대신 뽀송뽀송 폼클렌저로

K는 면접관에게 피곤해 보인다는 말을 들었다. 처음 한두 번은 '취업준비하면서 안 피곤한 사람도 있나' 하는 생각으로 대수롭지 않게 받아들였지만 이런 일이 반복되자 심각성을 알게 되었다.

면접관의 '피곤해 보인다'는 말의 진짜 의미는 그게 아니었다. 자기관리가 부족해 고객에게 신뢰감을 주지 못할 수 있다는 지적이었다.

"공부하느라 바쁘고 특별히 신경 쓸 사람도 없고 귀찮아서 그냥 지냈는데 피부가 문제일지는 몰랐어요." K의 푸념 섞인 말이었다.

비누로 박박 문질러 세안하는 것이 남성의 상징이었던 시절은 지났다. 일반 비누는 알칼리 성분이 많아 피부의 수분과 유분을 뺏어가기 때문에 이제는 비누 대신 폼클렌저를 많이 사용한다.

손을 깨끗이 씻고 미지근한 물에 얼굴을 충분히 적셔 모공을 연 후, 손바닥에 폼클렌저를 짜서 거품을 만든다. 거품을 얼굴 전체에 발라 부드럽게 세안하고 특히 피지가 많은 콧볼, 이마, 턱 등은 꼼꼼하게 세안한다. 노폐물을 제거한 뒤에는 찬물로 마무리하는 것이 좋다.

면접을 앞두고는 세안할 때 각질을 함께 제거하면 칙칙하고 거칠었던 피부가 탄력 있고 촉촉해진다. 각질은 외부환경으로부터 피부를 보호하는 방어막으로 일정 시기마다 새롭게 만들어진다. 각질이 지나치면 모공

생기 있는 피부 만들기

을 막고 피부 트러블을 유발하기 때문에 주기적으로 묵은 각질을 제거해야 한다. 남성의 성우 보냥이 여성보다 큰데다 각질층이 질기고 두꺼우므로 일주일에 1~2회 각질제거를 하는 것이 좋다.

각질을 제거할 때는 미세한 알갱이가 들어 있는 스크럽 제품을 사용한다. 스크럽을 할 때는 피부가 물에 불지 않으면 피부에 자극이 가므로 먼저 세안으로 피부를 부드럽게 한다. 피부가 젖은 상태에서 스크럽을 얼굴에 얇게 펴 바른다. 손가락으로 얼굴 안쪽에서 바깥쪽으로 가볍게 원을 그리듯 문질러준다. 이때 스크럽 제품이 눈에 들어가지 않도록 조심한다. 면도 후에는 피부가 예민해지므로 면도 전에 스크럽을 하는 것이 좋다.

남성 전용 화장품으로 히알루론산 충전

지금 거울 앞에 놓인 화장품이 몇 개인지 한 번 체크해 보자. 남성은 평균 2개 정도, 여성은 6~7개 라인의 화장품을 가지고 있다. 둘의 차이는 알맞은 수분과 유분을 제공해주고 있는가의 여부다.

남성은 번거롭다는 이유로 기능성 제품을 단계별로 사용하지 않는 경우가 많기 때문에 더욱 건조하기 쉽다. 특히 남성 피부는 남성 호르몬의 일종인 테스토스테론의 영향으로 콜라겐 함량이 많아 기름지고 여자보다 25퍼센트 정도 두껍기 때문에 여성용을 쓰기보다는 남성 전용 제품을 쓰는 것이 좋다.

남성 전용 화장품이라고 해서 특별한 건 없다. 여자들에 비해 부족한 수분을 충전하고 피부탄력을 위해 히알루론산을 충전하는 것이 차이점이다. 히알루론산은 주변의 수분을 끌어당겨 자기 무게의 1000배에 해당하

는 수분을 피부 속에 흡수하고 저장하는 기능을 하는데, 피부를 촉촉하게 유지시키고 탄력 있게 함으로써 피부가 탱탱해 보인다. 대표적인 남성 전용 화장품으로는 '토소웅' 맨즈부스터, '맨카인드' 페이스토닉, '우르오스' 베이직 라인 등이 있다.

면접을 앞두고는 피부에 수분을 채우기 위한 특별 관리가 필요하다. 피부 관리에 대한 지식이 없는 남성들도 간단하게 할 수 있는 면접 전 피부 관리 노하우를 알아보자.

아무도 알려주지 않는 효과 톡톡 피부과 시술

컨설팅에서 만난 J는 나름 가꾸는 남자였다. 깔끔한 헤어스타일과 몸에 딱 맞는 슈트까지 완벽하게 준비했다. 단 한 가지 아쉬운 점은 입 주변의 점이었다. 입술 옆으로 거뭇거뭇 퍼져 있는 점이 지저분한 인상을 줬다. J에게 점을 제거할 수 있는 피부과 시술을 제안했다.

"맙소사! 제 얼굴에 그렇게 점이 많은지 몰랐어요. 20개가 넘더라고요!"

점을 말끔하게 제거한 J의 얼굴은 한결 밝아져 환한 인상이 되었다.

남성의 경우 점만 제거해도 얼굴이 깨끗해져 좋은 인상을 줄 수 있다. 점을 빼는 가격은 1개당 1만 원 정도의 비용이 드는데 피부과마다 차이가 있다. 일반적으로 점을 뺀 후 정상적인 생활을 하는 데 일주일 정도 소요되므로 면접 전에 시간을 두고 하는 것이 좋다.

생기 있는 피부 만들기

점을 제거했다면 레이저 시술에 도전해 보자. 간단하게 할 수 있는 관리는 비타민 관리와 토닝이다. 비타민 관리는 회당 5만 원선, 토닝은 회당 10만 원선인데, 피부톤을 한결 깨끗하고 부드럽게 해준다. 비타민 관리와 토닝은 바로 일상생활이 가능하므로 면접 일정과 상관없이 진행할 수 있다.

저렴하지만 효과 좋은 관리법

마사지는 혈액순환을 원활하게 하여 보습과 영양공급에 도움을 준다. 전문 마사지 제품을 사용하지 않더라도 집에서 흔히 볼 수 있는 녹차팩과 로션을 활용하면 효과적이다.

녹차는 피부 세정 효과와 항균 효과가 있어 피부를 안정시켜준다. 미지근한 물에 담가 물기가 있는 녹차티백을 얼굴 전체에 문질러서 마사지 해준다. 피부가 갑자기 땅기고 푸석해졌다면 로션 하나만으로도 영양공급이 가능하다. 로션을 평소보다 세 배 정도 많이 바르고 피부에 충분히 흡수되도록 두들겨 마사지를 해준다. 마사지할 때 주의할 점은 손가락에 힘을 빼고 부드럽게 천천히 해야 피부조직의 손상을 피할 수 있다. 마사지는 주 2회 정도 꾸준히 하면 효과적이다.

피부 관리의 고전, 시트팩 붙이기

모 연예인은 자신의 피부 관리 노하우가 집에서 촬영장까지 가며 늘 바르고 붙이는 시트팩이라고 밝혔다. 시트타입 팩은 흘러내리지도 않고 씻어낼 필요도 없어 간편하게 사용할 수 있다. 미백, 주름 등 고기능보다는 보습 기능이 주인 팩을 선택하는 것이 좋으며, 팩을 하기 전 반드시 세안을 하고 면도 직후에는 피하는 것이 좋다. 팩을 바르기 전에 토너로 피부를 정리해야 흡수력을 높일 수 있다.

시트팩은 시간이 중요한데 15분 정도가 적당하다. 시트가 마를 때까지 얼굴에 붙여놓으면 빠져 나왔던 노폐물이 다시 얼굴로 흡수되고 수분까지 뺏기는 현상이 생긴다.

다시 한 번 확인하자! 눈가, 입술, 입가

두꺼운 남성 피부에서도 연약한 피부 조직이 있는데, 바로 눈가와 입가다. 눈가와 입가가 건조해져 주름이 지거나 하얗게 버짐이 생기면 건강한 첫인상을 줄 수 없다. 눈가와 입가는 섬세하고 예민해 다른 피부보다 더 신경 써야 한다.

눈가는 피지선이 거의 없어 건조해지기 쉽고 피부 조직이 얇다. 세안 후 아이크림이나 아이에센스 등 아이전용 제품을 부드럽게 펴 바른다. 눈 아래쪽 앞쪽인 다크서클 부위부터 뒤쪽으로 바르고, 눈가 주름이 생기는 부위는 특히 꼼꼼하게 바른다. 아이전용 제품은 에센스를 바르고 난 뒤 사용하는 것이 좋다.

입술과 입가 역시 눈가와 마찬가지로 피지선이 없어 쉽게 건조해진다. 특히 입가는 면도로 인해 피부 중 가장 건조해지기 쉬운 곳으로 로션을 바를 때 신경 써서 발라줘야 한다. 입술은 립밤을 수시로 발라 촉촉하게 유지하고, 심하게 건조한 경우 꿀이나 보습제를 발라두면 건강한 입술을 만들 수 있다.

생기 있는 피부 만들기

다양한 메이크업 스킬로 변신이 가능한 여성 지원자와 달리 남성 지원자는 메이크업을 많이 할 수 없기 때문에 기본에 충실해야 한다. 좋은 첫인상을 주기 위해서는 생기 있는 피부가 필수라는 사실을 기억하자.

바른 듯 안 바른 듯
가벼운 비비크림

얼마 전 취업컨설팅에서 만난 지원자 H는 피부고민을 토로했다. 아르바이트를 하면서 거칠어지고 검게 된 피부를 고민하다 친구가 추천해준 비비크림을 바르고 면접에 갔는데, 피부가 허옇게 뜨고 번들번들해져 화장한 티가 확 난 것이다.

탈스펙화된 또 다른 스펙 중 하나인 이미지는, 보이는 속성이 강하기 때문에 건강하고 깨끗한 피부표현을 포함한 매력적인 외모 가꾸기가 중요하다. 때문에 최근 남성 취업 준비생 가운데는 깨끗한 피부 연출을 위해 비비크림을 선택하는 경우가 적지 않다. 그런데도 비비크림을 바르는 남성을 바라보는 시선이 그리 곱지만은 않다. 자칫 너무 꾸민 티를 낼 수

146

있기 때문이다. 남성도 화장하는 시대라고는 하지만, 남성의 메이크업에 대해서는 아직도 보수적인 시선이 남아 있다. 하물며 공적인 인재 선발 자리에서 화장한 티가 팍팍 나는 구직자를 곱게 볼 리는 만무하다. 남성 면접관 중 비비크림을 바르고 온 사람은 거의 없을 것이기 때문이다.

따라서 바른 듯 안 바른 듯, 감쪽같이 피부톤을 보정할 수 있는 비비크림을 선택하는 것이 중요하다. 화장한 티를 내지 않고 본인 피부처럼 자연스럽게 연출하는 비비크림의 단계별 노하우를 Q&A 형식으로 알아보자.

ⓠ 비비크림 바르기 전에 자외선 차단제를 발라야 하나요? 두 개 다 바르기는 번거로운데요.

ⓐ 얼마 전 TV 프로그램에서 실험한 결과, 자외선 차단제를 바른 피부와 바르지 않은 피부의 나이 차이가 15세였어요. 자외선이 피부노화를 앞당기는 건 사실이죠. 자외선은 멜라닌 색소로 피부 얼룩과 기미, 주근깨 등 색소침착을 일으키고 피부를 칙칙하게 만든다고 해요. 특히 남성들의 경우는 외부활동이 많고 메이크업을 하지 않기 때문에 자외선에 노출되는 시간이 더 많죠. 피부를 보호하기 위해서는 자외선 차단제가 필수라고 조언하고 싶네요.

ⓠ 자외선 차단제에 표시된 수치는 하나도 모르겠어요. 여자친구가 쓰는 제품을 봐도 뭔 소린지 하나도 모르겠는데 어떻게 구분하나요?

ⓐ 자외선 차단제를 선택할 때는 SPF와 PA 수치를 확인해야 해요. SPF란 'Sun Protection Factor'의 약자로 자외선 B$_{UVB}$ 차단지수를 말해요. PA는 'Protection of UVA'의 약자로 자외선 A$_{UVA}$를 차단하는 정

도를 나타내고요. SPF는 숫자가 높을수록, PA는 +표시가 많을수록 차단 효과가 높죠. 일상적인 생활에서는 SPF15, PA$^+$ 정도, 초여름에는 SPF30, PA^{++}, 해변가에서는 SPF40, PA^{+++} 이상의 제품이 좋아요. 면접에서는 SPF15~30 사이, PA$^+$, PA^{++} 정도면 충분해요. 특히 면접 당일에는 번들거리거나 끈적임이 많은 자외선 차단제보다는 오일프리 타입의 끈적임이 없는 제품을 선택해야 비비크림을 바른 후에도 어색하지 않다는 사실 기억하세요.

Ⓠ 대체 비비크림은 어떤 컬러를 발라야 하나요? 잘못 바르면 둥둥 뜨는데요.

Ⓐ 얼굴에 테스트를 해보면 알 수 있어요. 남성은 어색해서 손에다 컬러테스트 하는 경우가 많은데 손이 아니라 얼굴에 해야 정확해요. 볼에서 턱으로 이어지는 부위에 발라보고 햇빛이 있는 곳으로 가서 톤이 자연스러운지, 목 피부와 차이가 나지 않는지를 확인해 봐요. 남성의 피부는 시간이 흐르면서 어두워지기 때문에 자신의 피부톤보다 살짝 어두운 톤을 선택하는 것이 면접에서는 자연스럽겠죠.

주의할 점은 남성 비비크림은 여성용처럼 다양한 컬러가 나오지 않아서 컬러 선택이 한정적이라는 거예요. 한 가지 컬러로만 나오는 브랜드도 많고요. 자신의 피부에 꼭 맞는 컬러를 원한다면 여성용 파운데이션을 구입해서 가지고 있는 로션에 섞어 바르는 것도 방법이에요. 이때 파운데이션은 오일프리 타입을 사용해야 하다는 사실 잊지 마세요.

Ⓠ 비비크림 바를 때 티나지 않게 하려면 어떻게 발라야 해요? 비비크

바른 듯 안 바른 듯 가벼운 비비크림

림 바르는 노하우를 알려주세요.

Ⓐ 비비크림은 '소량' 만, '무분' 만 바른다는 것을 명심하세요. 소량으로 효과를 보려면 발림성이 좋은 제품을 선택해야 해요. 면접용으로 사용할 때는 자외선차단, 미백 등 다른 기능이 부가된 제품보다는 커버력이 좋은 제품을 선택하는 게 좋아요. 비비크림은 너무 많은 양을 바르면 하얗게 되기 때문에 소량만 얇게 펴서 발라야 해요. 여성들처럼 퍼프나 브러시를 사용하면 더 밀착되어 자연스러운 표현이 가능하지만 번거롭다면 손이 가장 좋은 도구가 되죠.

비비크림을 바를 때는 우선 손등에 콩알만큼 크림을 덜어내요. 스킨이나 로션을 바르듯이 전체로 바르지 말고 손가락으로 콕콕 찍은 후 펴주는 방법으로 바르는 것이 노하우예요. 특히 턱밑까지 바르면 절대 안 돼요. 손가락 끝을 이용해 양볼, 이마, 코끝, 턱 다섯 부위로 나눈 다음 볼, 이마, 코, 턱 순서대로 얼굴 안쪽에서 바깥쪽으로 펴 발라보세요. 이때 주의할 점은 문지르듯이 바르는 것이 아니라 피부결을 따라 손가락에 힘을 빼고 톡톡 두드리듯이 바른다는 것 잊지 마세요.

Ⓠ 비비크림을 바르고 나서 뭉치거나 뜨는 경우가 있는데, 어떻게 하면 좋을까요? 다시 세수를 할 수도 없고……

Ⓐ 잘 뭉치거나 뜨는 부분은 눈밑, 코옆, 뺨 등 모공이 넓은 부분이에요. 이런 부위일수록 얇게 펴서 꼼꼼하게 발라야 해요. 그렇다고 여성처럼 강한 커버력을 위해 비비크림을 덧바르거나 컨실러를 사용해 눈밑, 잡티 등을 과하게 보정하면 오히려 어색할 수 있어요. 과한 것은 부족한 것만 못하다는 사실을 잊지 마세요. 특히 잡티나 여드름이 난 경우 그 부위

에 점을 찍듯이 발라주고 손가락으로 두드려주면 쉽게 커버할 수 있어요.

비비크림을 자연스럽게 바르는 두 가지 비법을 알려줄게요. 비비크림을 바르고 나서 마지막으로 손바닥을 이용해 얼굴 전체를 감싸 살짝 눌러주면 비비크림이 뜨지 않아요. 만약 양 조절을 했는데도 너무 많이 발라 뭉치는 위기의 순간에는 얼굴에 티슈를 덮어 눌렀다가 떼면 자연스러운 피부를 만들어 응급처치가 가능하죠. 이것만 알고 있다면, 더 이상 얼굴이 하얗게 동동 뜨지는 않을 거예요.

Ⓠ 요즘 광고를 보면 CC크림이 나오는데 CC크림은 뭔가요?

Ⓐ 코렉트 콤보 크림Correct Combo Cream을 줄여서 CC크림이라고 하는데, CC크림은 비비크림에 스킨케어 기능이 추가된 거라고 보면 돼요. 컬러 체인지 크림, 컬러 콘트롤 크림 등 다양한 이름으로 불리기도 하죠. 비비크림에 비해 가볍게 발라지면서 피부톤을 환하게 바꿔주니까 비비크림보다는 부담 없이 바를 수 있어요. 더욱이 스킨케어 성분이 들어 있어 수분함량이 높기 때문에 CC크림을 바를 때는 메이크업 베이스나 자외선 차단제를 생략하는 것이 좋아요.

바른 듯 안 바른 듯 가벼운 비비크림

눈썹 하나로
이미지를 바꾼다

"눈썹 모양을 바꾸니 순둥이가 됐네."

"눈썹이 중요하구나."

"사람이 달라 보여."

인터넷에서 한 남자 연예인의 눈썹사진이 이슈였다. 드라마에서 주로 반항아적인 이미지를 보여왔던 그의 눈썹은 짙고 위로 솟은 각진 눈썹인데, 눈썹을 일자형으로 합성하여 그 전후를 비교한 사진이었다. 눈썹 하나 바꿨을 뿐인데 그의 이미지는 무척 달라져 있었다.

눈썹이 얼굴을 받쳐주는 지붕이라고 생각하면서도 의외로 무심한 경우가 많다. 그러나 눈썹 각도에 따라 면접에서 첫인상이 결정될 수도 있다는 사실을 알고 있는가.

　남성은 화장을 거의 하지 않으므로 눈썹 숱이 많으면 정리만으로도 인상이 달라질 수 있다. 단, 너무 깔끔하게 정리하면 오히려 어색하다. 여성처럼 눈썹을 그리는 것보다 기본틀을 유지하면서 눈썹 아랫부분 잔털을 제거해주면 된다. 눈썹을 정리해주는 '아이브로우 바'를 이용하는 것도 방법이다. 간단한 눈썹 정리 노하우를 배워보자.

면접에서 유리한 눈썹의 조건

사람은 제각각 타고난 눈썹 모양이 다르다. 눈썹은 각도가 중요하다는데 어떻게 다듬고 관리해야 할까? 각각의 눈썹 모양과 각도에 따른 첫인상을 분석해 보자.

서글서글 '둥근 눈썹'

눈썹산이 없고 완만한 곡선을 그리는 둥근 눈썹은 부드러운 인상을 준다. 면접에서 선한 인상을 어필하고 싶다면 둥근 눈썹이 효과적이다. 눈썹산

이 높지 않거나 눈썹이 크고 살짝 처진 눈매를 가진 사람에게 잘 어울린다. 특히 각진 얼굴이나 강한 눈매 때문에 면접에서 첫인상이 고민 중인 지원자의 경우 눈썹을 다듬어 둥근 눈썹으로 변신하면 반듯하고 선한 인상을 줄 수 있다.

　둥근 눈썹을 만들 때는 눈썹산을 중심

눈썹 하나로 이미지를 바꾼다

으로 앞뒤가 부드럽게 곡선을 그릴 수 있도록 라인을 잡은 후 눈썹칼로 모양을 나틈는다. 뒤쪽 눈썹 꼬리 부분을 다른 눈썹보다 아래쪽으로 조금 처지게 그리면 선한 눈매를 강조할 수 있다.

남성다운 '일자눈썹'

일자눈썹은 남자답고 다부진 인상을 준다. 눈썹이 도톰하고 숱이 많은 경우 잘 어울리는 스타일이다. 일자눈썹은 이목구비를 더 뚜렷하게 보이게 하고 도시적이고 남성적인 이미지를 풍기기도 한다. 평소 착한 인상이 고민이었던 지원자나 남성적인 조직문화를 지닌 기업이나 직무에 지원하는 경우 일자눈썹이 효과적이다.

일자눈썹은 눈썹산이 없이 눈썹 앞머리에서 꼬리까지 일자로 라인을 그은 다음 눈썹칼로 바깥쪽 눈썹부터 라인을 정리하는 것이 요령이다. 숱이 별로 없는데 일자눈썹을 그리고 싶을 때는 아이브로우 펜슬을 이용한다.

듬성듬성 '없는 눈썹'

컨설팅을 하다 보면 눈썹이 없어서 고민하는 남성 지원자를 만날 때가 있다. 눈썹이 희미하고 옅은 없는 눈썹은 면접에서 약하고 흐린 인상을 줄 수 있다. 특히 모양이 잡혀

있지 않고 산발적으로 나 있는 경우에는 먼저 눈썹 모양을 잡아주는 게 중요하다. 눈썹은 듬성듬성 있더라도 눈썹산이 있는 경우에는 둥근 눈썹, 눈썹산이 없다면 일자눈썹으로 모양을 잡아주는 게 자연스럽다.

눈썹 모양을 잡은 다음 자신의 눈썹 색과 맞는 아이브로우 펜슬을 이용해 듬성듬성 나있는 눈썹 사이를 빼곡히 채워주면 된다.

카리스마 '각진 눈썹'

날카로우면서도 이지적이고 섹시한 상반된 매력을 주는 눈썹이 바로 각진 눈썹인데, 눈썹산이 분명한 경우만 가능한 스타일이다. 인위적으로 눈썹산을 그리면 어색해질 수 있기 때문이다.

각진 눈썹은 우선 눈썹산을 강조해야 한다. 눈썹산이 드러날 수 있도록 눈 앞머리와 아랫부분의 잔털을 우선 제거한다. 눈썹산을 조금 높이 위치하게 하고 눈썹 꼬리부분을 날카롭게 만들어 샤프하게 그린 후 다듬어준다.

각진 눈썹은 면접에서 강한 인상을 줄 수 있다. 면접을 앞두고는 눈썹산을 깎아 부드럽게 정리하고 눈썹 끝부분을 도톰하게 채워준다.

초보자도 쉽게 따라할 수 있는 눈썹정리 123!

1단계: 미간을 넓힌다

미간 사이에 털이 많으면 눈썹이 이어진 것처럼 보여 면접에서 답답한 인

눈썹 하나로 이미지를 바꾼다

상을 줄 수 있다. 관상학적으로도 미간에 털이 나 눈썹이 이어진 경우 고지시한 시림일 확률이 높다고 말한다. 미간을 넓히면 시원한 인상을 줄 수 있는데 절대 어렵지 않다. 족집게 하나면 해결할 수 있다. 면도기로 밀면 자국이 남기 때문에 족집게로 미간에 있는 털을 뽑아 제거한다.

　미간을 정리한 후 눈썹 바깥 부분에 있는 잔털도 족집게로 뽑는다. 이때 주의할 점은 여성처럼 너무 완벽하게 다 뽑지 말라는 것이다. 미간과 눈썹 앞머리는 깔끔하게 뽑되 눈썹 꼬리는 티가 나므로 많이 뽑지 않는다.

2단계: 눈썹 모양을 만든다

남성의 이상적인 눈썹 모양은 양쪽 코끝과 눈끝을 직선으로 연결한 연장선에서 눈썹 끝을 맞춘다. 눈썹의 가장 높은 부분인 눈썹산은 눈동자 바깥쪽 끝과 수직으로 만나는 점이다.

Styling tip

눈썹정리 도구

① 족집게: 끝부분이 45도 정도 기운 것이 좋다.
② 눈썹용 빗: 눈썹을 빗을 수 있도록 막대 끝에 플라스틱 빗이 달려 있다.
③ 눈썹용 가위: 끝부분이 곡선으로 되어 있는 가위가 자르기 쉽다.
④ 에보니 펜슬: 미술용 연필로 심 부분을 길고 납작하게 깎아서 사용하면 눈썹을 잘 그릴 수 있다.
⑤ 아이브로우 펜슬: 심이 단단하고 진하지 않은 제품을 선택한다.

부드럽고 선한 인상을 주고 싶다면 눈썹산을 높지 않게 하고 자연스럽게 곡선으로 눈썹 모양을 그린다. 강한 인상을 주고 싶을 때는 눈썹산을 높이고 눈썹 끝을 날렵하게 빼준다. 눈썹이 도톰하고 숱이 많은 경우 남성적인 이미지를 주기 위해서는 일자형 눈썹이 가장 좋다.

3단계: 비어 있는 눈썹을 채운다

눈썹 모양이 완성되었다면 눈썹 빗으로 빗으면서 긴 털들을 가위로 자른다. 정리가 끝나면 비어 있는 부분만 채우면 된다. 눈썹 앞머리는 인위적으로 그린 티가 나므로 그냥 두고, 눈썹이 중간에서 끊겼을 경우 비어 있는 뒷부분을 채워준다. 이때는 에보니 펜슬이나 아이브로우 펜슬을 이용한다.

눈썹을 그릴 때는 절대 선으로 죽 그려서는 안 된다. 전체 눈썹 모양을 그림 그리듯 선으로 연결하면 문신한 것처럼 어색해진다. 가볍게 채우듯이 그리는 것이 비법이다.

남성의 메이크업 비밀병기, 안경

구직자들의 안경은 시력뿐 아니라 인상을 보완하는 것이어야 한다. 안경을 선택할 때는 먼저 눈썹과 눈매를 체크하자. 눈썹이 짙고 쌍꺼풀이 있는 경우는 뿔테 대신 무테나 연한 컬러의 반무테를 쓰면 시원해 보여 부드러운 느낌을 준다. 반대로 눈썹이 연해 흐린 인상이 고민일 때는 뿔테나 위쪽 프레임이 진한 안경테를 쓰면 좋다. 눈매가 처진 경우 V모양으로 안경테 양쪽이 올라가 있는 테를, 반대로 눈매가 올라가서 날카로운 인상인 경우 양쪽 끝이 내려가 있는 테를 선택한다.

기본 체크를 마쳤다면, 얼굴형에 맞는 안경테를 선택해보자.

둥근 얼굴형

사각 안경테나 폭스형 안경테가 잘 어울린다. 얼굴과 비슷한 이미지를 주는 둥근 테는 피하는 것이 좋다. 얇은 테보다는 두껍고 각진 안경테가 상대적으로 얼굴을 갸름해 보이게 한다. 반무테 같은 금속테를 선택하면 면접에서 스마트한 첫인상을 줄 수 있다.

긴 얼굴형

긴 얼굴을 커버하기 위해서는 가로가 긴 안경테를 선택해야 시선이 분산된다. 안경을 썼을 때 얼굴 가로 길이보다 오버되는 사이즈의 안경을 선택하고 안경테의 밑부분이 넓은 원형 안경테가 좋다. 사각 안경테는 딱딱한 인상을 줄 수 있으니 피하자.

각진 얼굴형

모서리가 각진 안경테보다는 원형이나 타원형의 안경이 부드러워 보인다. 원형, 타원형의 안경테는 착시효과로 각진 얼굴형을 보완해 준다. 그렇다고 너무 동그란 안경은 각진 얼굴을 더욱 부각시킬 수 있으니 주의하자. 특히 굵은 뿔테는 답답해 보이므로 피하는 것이 좋다.

계란형

계란형 얼굴에는 모든 스타일의 안경이 잘 어울린다. 얼굴형보다는 얼굴의 인상을 보완할 수 있는 안경테를 선택한다. 세련된 이미지를 주고 싶다면 끝이 올라간 폭스형 안경테를 선택하고, 남성적인 강인함을 강조하고 싶다면 사각 안경테가 좋다. 밝고 귀여운 첫인상을 주고 싶다면 둥근 테를 선택한다.

깔끔한 인상을 만드는
나만의 면도법

남성미와 권위의 상징이었던 수염을 자르기 시작한 건 선사시대부터였다. 면도가 일반화되면서 수염을 기른 남성은 사회와 단절되거나 단정하지 못하다는 인식이 생겨났다. 20세기 들어 수염은 반사회주의자의 상징이 되기도 하고, 히피족들이 수염을 길러 반항의 이미지로 보이기도 했다. 일부 예술인들은 콧수염이나 턱수염으로 개성을 표현하기도 했다.

그러나 취업에서 면도는 일반적인 개성을 드러내는 것과는 전략을 달리할 필요가 있다. 취업을 위한 면도는 오로지 깔끔한 인상 만들기가 목적이다. 깔끔한 면도로 늘 상대의 눈을 의식하고 자기관리를 하는 남자라는 메시지를 줄 수 있으니 말이다. 이 장에서는 상처 없이 깨끗하게 면도할 수 있는 다섯 가지 원칙을 알아본다.

원칙1. 중요한 면접에는 칼면도기가 최고

"수염이 굵어서 면도기로 아무리 잘해도 자국이 남아요. 매일 아침 면도를 하는데도 오후만 되면 다시 자라죠. 특히 코밑이 제일 문제예요. 코밑은 면도하기가 쉽지 않더라고요. 뽑기도 해봤는데 피부는 상하고 수염만 더 굵어졌어요."

컨설팅에서 만난 지원자 P는 푸른 수염자국 때문에 고민했다. 어떤 면도기를 쓰는지 물어보자 여자친구에게 선물 받은 전기면도기를 사용한다고 했다.

P처럼 푸르스름한 수염자국 없이 깔끔한 면도를 하기 위해서는 칼면도기를 사용해야 한다. 전기면도기의 경우 칼면도기에 비해 피부에 밀착되지 않아 잔털이 남게 되므로 면접 당일 깔끔한 첫인상을 위해서는 칼면도기를 쓰는 게 좋다.

그러나 칼면도기는 면도기 날에 상처를 입을 수 있기 때문에 주의해야한다. 또한 일회용 면도기는 날이 안 좋아 상처를 입기 쉬우므로 다회용을 사용하는 것이 피부에 좋다. 다회용 면도기는 두 날, 세 날, 네 날 등다양한 날과 기능을 가진 제품들이 있으므로 본인의 수염에 맞는 것을 선택한다. 날이 피부에 닿았을 때 부드럽고 안정감이 느껴지며 상처를 주지않고 곡면에 미끄러지는 것이 좋다. 특히 P처럼 코밑, 턱 밑부분 등 깎기힘든 섬세한 부위는 화장품 가게에서 판매하는 여성용 '비키니라인 면도기'를 사용하면 효과적이다.

면도기는 습한 곳에서 세균 번식이 잘 되기 때문에 건조한 곳에 보관하는 것이 좋고, 사용한 면도기는 뜨거운 물이나 알코올, 전문 세정액을 이용하여 소독하며 면도날은 주기적으로 교체하도록 한다.

원칙2. 세안으로 수염 속 케라틴을 말랑말랑하게

면도를 하기 전에는 수염을 불리는 것이 기본이다. 면도를 먼저 하고 세안하는 남성이 많은데 세안부터 하고 면도를 하는 것이 효과적이다.

수염을 구성하고 있는 케라틴이라는 단백질은 물과 접촉하면 수분을 흡수하여 부드러워진다. 그런데 수염 외부에 있는 피지막이 물과 케라틴이 만나는 것을 막고 있다. 면도하기 전에 세안용 폼으로 이 피지막을 없애주면 케라틴과 물이 만나 수분을 흡수하게 된다. 모든 털은 수분이 공급되면 70퍼센트 정도 부드러워진다.

시간이 가능하다면 온습포로 수염과 피부결을 부드럽게 하는 것도 효과적이다. 온습포는 뜨거운 물에 적신 수건의 물기를 꼭 짜낸 후 얼굴에 올려두면 된다. 전자레인지에 15초 정도 돌려주면 더 효과적이다.

원칙3. 특별한 날엔 면도크림을

"면도할 때 면도크림 꼭 써야 하나요?"

남성 뷰티 커뮤니티에 올라온 질문이다. 대부분의 남성들이 아직도 비누를 많이 사용하는데 면접처럼 특별한 날에는 피부관리를 위해 반드시 면도크림을 써야 한다. 비누는 윤활력이 떨어지므로 면도크림을 사용해

깔끔한 인상을 만드는 나만의 면도법

피부와 면도기 날의 마찰을 줄이고 피부 자극도 줄여주는 것이 좋다. 윤활성분과 보습성분이 들어있는 셰이빙 젤이나 폼, 크림 등의 전문 제품들을 사용하면 피부자극을 최소화하고 보습도 잘 되어 밀착감 있는 면도를 할 수 있다.

크림을 바를 때는 턱에 직접 사용하기보다는 손에 뿌린 후 골고루 문지르는 것이 좋다. 제품을 바를 때는 수염이 난 방향과 반대로 발라주면 수염을 세워줘 면도가 편해진다. 건성 피부는 크림 타입을, 지성 피부는 젤 타입의 셰이빙 크림을 사용하는 것이 효과적이다.

원칙4. 털이 난 방향 위-아래가 정석

수염을 깎을 때는 털이 난 방향대로 위에서 아래로 면도하는 것이 좋다. 깔끔하게 면도하기 위해 반대방향으로 면도하는 남성이 많은데 역방향은 피부에 자극을 주고 베이기도 쉽다. 면접 당일 피부에 상처가 나면 당연히 좋은 첫인상을 줄 수 없다. 털이 난 방향으로 면도하는 게 어려울 때는 반대편 손으로 피부를 살짝 당겨주면 손쉽게 면도를 할 수 있다.

면도를 할 때 털이 강한 곳은 수분을 흡수하여 부드러워질 수 있도록 털의 강도가 약한 곳부터 강한 곳 순서로 한다. 먼저 가장 넓은 부위인 볼부터 시작해 얼굴 가장자리, 목, 입주위, 턱, 콧수염 순서로 한다. 면도하기 힘든 부위가 코밑과 턱인데, 코밑은 손가락으로 코를 들어올린 후 면도를 하고, 턱은 입술을 안으로 오므리고 턱에 힘을 준 상태로 결을 따라 민다.

원칙5. 면도는 깎는 것보다 보습이 중요

"면접 당일 급하게 면도를 하고 나왔는데 면도 독이 올라 피부가 울긋불긋해졌어요. 평상시에는 상관없지만 면접이잖아요. 면접장에 들어갈 때까지 진정되지 않아 여간 신경 쓰이는 게 아니었어요. 면접관들이 모두 제 턱만 보는 거 같았죠."

L은 면접 당일 좋은 첫인상을 위해 면도를 했다가 오히려 낭패를 봤다.

면도는 예민한 피부를 칼로 긁어내기 때문에 면도 후 진정과 보습관리가 중요하다. 지원자 L처럼 면접장에서 당황하지 않으려면 면도 후 화끈거림을 진정시켜주고 상쾌함을 주는 애프터 셰이브를 발라 자극받은 피부에 유분과 수분을 공급해주는 것이 좋다. 애프터 셰이브는 스킨, 로션, 밤 타입으로 나오는데 알코올 성분이 너무 많이 들어 있거나 향이 강한 제품은 피하도록 한다. 피부를 보호하는 기능은 없으므로 곧바로 모이스처 제품을 발라야 한다.

이때 중요한 것은 면도는 찬물로 마무리하고, 물기가 마르기 전에 애프터 셰이브 제품을 발라야 한다는 것이다. 광고에 나오는 남자 주인공처럼 자극적으로 볼을 두드리며 바르는 것은 오히려 피부에 상처를 줄 수 있다. 애프터 셰이브 제품이 없다면 수분 함량이 높은 보습제를 발라도 된다.

깔끔한 인상을 만드는 나만의 면도법

거무스름한 수염자국은 면접에서 깔끔한 첫인상을 줄 수 없다. 수염자국 없이 면도를 하고 싶나면 일회용 면도기를 없애고 전문 제품을 사용하여 관리해주는 것이 현명하다.

05

남성의
NG 헤어스타일

 면접에서 남성 헤어 연출의 원칙은 '넘치는 것은 부족함만 못하다'는 것이다. 남성의 경우는 여성처럼 메이크업이나 패션 등에 다양한 변화를 주기가 쉽지 않다. 시도할 수 있는 변화의 폭이 작기 때문에 헤어스타일이 전체 이미지의 큰 부분을 차지한다. 그러다 보니 감각 있고 이미지 연출에 신경을 쓰는 남성 구직자들의 경우 유행 위주의 세련된 헤어스타일을 고집하여 면접에서 마이너스가 되는 일이 종종 발생한다.

 남성 헤어는 근대에서 현대로 넘어오면서 변하기 시작했다. 상고스타일이 유행하기도 하고 남성의 긴 머리를 단속하는 장발금지법이 생기기도 했다. 아이돌의 등장으로 남성들의 헤어는 더 다양해지기 시작했다. 1

세대 아이돌인 HOT와 젝스키스의 등장과 함께 새로운 스타일의 헤어스타일도 유행했고, 요즘은 총천연색 염색 머리까지 더 다양해졌다. 아이돌의 헤어스타일이 점점 화려해지는 이유는 어디에 있는 것일까? 첫째는 대중에게 빨리 기억되기 위해서다. 새로운 아이돌 그룹이 등장했을 때 대중의 시선은 가장 외모가 튀는 멤버에게 쏠린다. 빨강머리, 노랑머리, 물미역 머리 등으로 기억되는 것이다. 둘째, 아이돌의 화려한 헤어스타일은 팀의 콘셉트나 정체성에 맞추기 위한 연출 수단이다.

그러나 면접에서의 헤어는 목적이 다르다. 신입사원을 선발할 때 기준이 되는 두 가지 역량은 직무적합성과 조직적합성이다. 직무적합성이란 직무에 관련된 역량을 뜻하지만 조직적합성은 조직 내에서 유연한 관계 형성 능력을 말하는 것으로 너무 튀는 사람은 아닌지, 트러블 메이커가 돼 조직 내 갈등을 야기하지는 않을지를 검증하는 작업이다.

미국 예일대학 심리학과의 마리안 라프랑스Marianne LaFrance 교수는 특정한 헤어스타일에 따라 특정한 이미지가 연출될 가능성이 높다고 밝혔다. 예를 들어, 그는 중간 길이에 옆가르마를 탄 헤어스타일은 지적이고 유연하게 대처할 것이며, 앞머리를 스포츠 스타일로 세운 짧은 머리는 자신감이 넘치지만 자기중심적일 거라고 분석했다. 또한 야생마 같은 긴 머리 남성의 경우는 부주의하고 덜 지적일 거라고 밝혔다. 즉 헤어스타일을 통해 개인의 성격, 특성, 기질 등이 일정 부분 측정될 수 있다는 것이다. 헤어스타일이 면접에서 중요한 이유는 개인의 특성이 헤어스타일에서 유추되듯이 조직적합성, 즉 조직이 요구하는 인성과 태도 등을 갖춘 인재를 선발하려는 면접장에서 헤어스타일이 일정한 정보를 주기 때문이다.

위 연구 결과에서 '앞머리를 스포츠 스타일로 세운 머리'가 자기중심

적으로 해석될 수 있기 때문에 면접에서는 이를 보완하는, 중간 길이의 단정한 헤어스타일 연출이 스마트한 전략일 수 있다. 왜냐하면 협업과 팀워크 등을 중시하는 일반적인 기업의 조직적합성을 고려할 때 보다 유연하고 관계중심적인 인물로 유추되는 것이 훨씬 유리하기 때문이다.

면접장에서 유리하게 작용할 수 있는 헤어스타일에 대해 알아보고, 절대 해서는 안 되는 NG 스타일을 하나하나 살펴보자,

덥수룩한 야생남 싫어요

미국의 유명한 이미지컨설턴트 존 몰로이John T. Molloy는 최고경영자 100명에게 4명의 남자 사진을 보여주었다. 첫번째 남자는 아주 짧은 머리, 두번째는 보통 길이의 머리에 보통의 구레나룻, 세번째는 보통 길이의 머리에 꽤 긴 구레나룻, 그리고 네번째 남자는 머리를 길게 늘어뜨리고 있었다. 최고경영자들이 비즈니스에서 가장 적합한 헤어스타일로 뽑은 스타일은 두번째였고, 네번째 긴 헤어스타일이 최하의 평가를 받았다. 덥수룩하게 긴 헤어는 비즈니스에서도 직장생활의 첫 관문인 면접에서도 NG

남성의 NG 헤어스타일

스타일이다.

비즈니스에서 짧은 머리를 신호하는 탓에 예전에는 남성 구직자들이 모두 이마를 드러내고 머리를 위로 세운 올백 스타일을 했으나 요즘은 면접 헤어스타일에서 올백이 필수는 아니다. 더욱이 우리나라 남성들은 머리보다 얼굴이 커서 올백 스타일이 어울리기가 쉽지 않다. 특히 이마가 길거나 앞머리를 올렸을 때 이마선이 반듯하지 않은 구직자들은 앞머리를 내리는 댄디 컷 헤어스타일이 잘 어울릴 수 있다. 윗머리와 앞머리는 길게 하고, 귀가 보이게 양 옆머리와 뒷머리를 깔끔하게 커트한 댄디 컷은 단정하고 부드러운 이미지를 준다. 숏 댄디 컷은 둥근 얼굴형보다 긴 얼굴형에 잘 어울린다. 일반적인 댄디 컷은 앞머리가 길고 비대칭으로 컷하지만, 면접에서는 눈썹이 드러나도록 앞머리를 짧게 하고 일자형으로 컷해 반듯한 이미지를 만든다. 이때 중요한 것은 귀가 보이도록 하고 구레나룻을 귓불보다 짧게 하는 것이다.

나쁜남자 스타일 안 돼요

면접관이 선호하지 않는 대표적인 헤어컷이 모히칸 컷과 투블럭 컷이다. 두 가지 스타일 다 반항적인 이미지를 강조하는 트렌디한 스타일로 면접에서는 적합하지 않다.

영국 출신 세계적인 축구스타 데이비드 베컴이 선보인 후 선풍적인 인기를 끌었던 모히칸 컷은 머리 좌우를 짧게 자르거나 삭발하고 가운데 부분만 기르는 헤어스타일이다. 남자 아이돌들이 즐겨하는 스타일로 일명 '닭벼슬' 머리라고 불리기도 한다. 옆머리를 짧게 자를수록 반항적인 이미지가 느껴져 나쁜 남자의 매력을 주기 때문에 면접에서는 NG다.

투블럭 컷은 앞머리와 옆머리의 기장을 다르게 컷해 두 개의 블럭을 만들어주는 헤어컷 종류로 개성이 있긴 하지만 면접에서는 NG다.

면접에서 이마가 드러나게 머리를 올릴 경우에는 양 옆머리와 뒷머리를 깔끔하게 눌러주고, 윗머리를 자연스럽게 세운 후 고정시키는 헤어스타일이 좋다. 전체적으로 짧게 커트하고 앞머리를 세워 남성적이고 깔끔한 이미지를 준다.

염색머리 미워요

"밝은 색으로 염색한 머리는 절대 안 되나요? 오렌지 컬러가 불량한 이미지로 어필될 수 있다고 하던데 사실인가요?"

정답은 'YES' 이다. 면접에서는 검정색이나 자연스러운 갈색 컬러가 좋다.

물론 예외적인 경우도 있다. 무한도전 김태호 피디는 노랑머리에 피어싱을 하고 MBC PD 면접을 봐서 합격했다고 한다. 그러나 이처럼 특수한 직무가 아니거나 두드러진 외모에 걸맞게 개성과 프로페셔널한 모습을 표현할 역량이 부족하다면 지나치게 튀는 모습은 부정적인 선입견을 줄 수 있다.

면접 헤어는 오버하면 안 된다는 원칙을 기억하자. 면접의 목표인 조직적합성에 위배되지 않는 '전략적인' 헤어스타일이 필요한 셈이다.

남성의 NG 헤어스타일

'미컷빌' 실리는 헤어스타일링 노하우

헤어스타일링의 기본은 드라이다. 드라이를 할 때는 찬바람을 이용해 두피부터 말리는 것이 중요하다. 특히 볼륨을 줘야 하는 정수리 부분은 머릿결의 반대방향으로 말리고, 뒤쪽 부분은 머리카락을 올려 안쪽을 말려주면 볼륨감을 살릴 수 있다. 눌러야 할 부분은 머릿결을 따라 말리면서 손으로 눌러준다.

어느 정도 마르고 나면 따뜻한 바람으로 뿌리 쪽에 열을 가해 주먹을 쥐었다 폈다 하며 머리카락을 구겨서 드라이를 마무리한다. 이렇게 하면 뿌리도 살고 스타일링하기도 편하다. 드라이가 완성되었다면 이제는 스타일링 제품을 이용해 깔끔한 헤어를 완성한다. 기능별로 다양한 스타일링 제품을 알아보자.

왁스

왁스를 사용할 때 떡진 머리가 되지 않으려면 양조절이 중요하다. 손톱만큼의 왁스를 체온으로 충분히 녹여 손에 왁스가 남아있지 않아야 한다. 샴푸하듯이 머릿속까지 전체적으로 비비며 바른 후, 뒤통수 부분은 손가락을 넣어 볼륨을 살려주고 앞쪽은 손가락 끝을 이용해 스타일을 잡아준다. 면접에서는 광택이 없는 제품을 사용하는 게 좋다.

스프레이

스타일링 후 최종적으로 헤어스타일을 고정할 때 사용한다. 특히 모발이 얇은 남성은 왁스보다는 스프레이가 효과적이다. 꼬리빗에 스프레이를 묻혀 구레나룻 부분을 빗어주면 깔끔하게 정리할 수 있다.

젤

투명한 제품으로 딱딱하게 굳어버리는 단점 때문에 스타일링을 수정하기가 힘들어 요즘은 많이 사용하지 않는다. 모발이 두껍거나 머리가 짧은 경우 좋다.

스틱왁스

스틱 모양으로 생긴 왁스로 잘 뜨는 옆머리를 손쉽게 고정시켜 준다. 손에 바를 필요가 없어 간편하게 사용이 가능하다. 면접에서는 휴대용으로 준비해 갔다가 면접 전에 수정용으로 활용하면 좋다.

롤빗

앞머리를 올리거나 옆머리를 누를 때 유용하다. 남성의 경우 머리가 짧기 때문에 가장 작은 롤빗을 사용하는 것이 효과적이다.

5
Chapter

메이크업으로
첫 인 상
리모델링하기

여성편

건강한 민낯,
면접에선 안 된다

　대학생활과 직장생활은 여러 차이가 있지만, 여성에게는 무엇보다 '메이크업이 의무'가 된다는 점을 무시할 수 없다. 대학 새내기 때는 대부분 메이크업에 인색하다. 민낯이 더 예쁘다는 말에 '건강한 민낯'을 자랑하고 다니거나 굳이 메이크업을 해야 할 필요나 책임감을 느끼지 못하기 때문이다. 그러나 사회는 다르다. 직장인의 메이크업은 직장 이미지는 물론 함께 일하는 동료와 새롭게 만남을 가져야 하는 수많은 사람을 위한 일종의 매너이자 에티켓이기도 하다. 메이크업은 직장인과 학생 신분을 구분하는 일종의 신상명세서와 같은 것이다.

　신입사원을 선발하는 면접도 예외는 아니다. 일할 마음가짐이 돼 있는

지, 직장여성으로서 기본적 스타일링이 돼 있는지, 직장 생활에 필요한 매너와 에티켓에 대한 이해가 있는지의 여부가 메이크업에서 드러난다. 특히 트렌드에 민감하고 유행을 선도하는 직무의 경우 메이크업과 패션 스타일만으로 지원자가 지니고 있는 지식 정도와 직무 일치도 정도도 가늠할 수 있다.

여기서 꼭 기억해야 할 한 가지가 있다. 일반 메이크업과 면접 메이크업은 다르다는 사실이다. 취업포털 '잡코리아'가 인사담당자 761명을 대상으로 '면접 시 감점을 준 경험이 있는 지원자의 인상은 구체적으로 어떤 얼굴 특징을 지니고 있었는지'에 대해 조사한 결과, 진한 화장 25.1퍼센트, 사나운 눈매 16.7퍼센트, 지저분한 피부 15.3퍼센트, 화장기가 전혀 없는 얼굴 5.0퍼센트 등으로 나타났다.

여기서 눈여겨봐야 할 부분이 진한 화장(25.1%)이다. 면접관이 지적하는 진한 화장의 대부분이 일반 메이크업에서 강조하는 스킬이다. 눈을 커보이게 하는 블랙 언더라이너, 눈물을 머금은 듯 촉촉한 눈매를 완성시키기 위한 눈밑 흰색 펄 섀도우, 평면적인 얼굴에 윤곽을 주는 하이라이트, 블링블링 화사하게 보이는 펄 섀도우, 풍성한 눈썹을 만들어주는 인조 눈썹 등이 그것이다.

면접관은 상사의 입장에서 지원자를 보기 때문에 눈 아래 언더라인까지 강조한 메이크업을 한 지원자는 드세 보인다고 판단한다. 펄 섀도우와 하이라이트 메이크업도 면접관의 눈에는 직장인의 마인드가 부족해 보이기 십상이다. 비즈니스에서는 무엇보다 신뢰감이 중요한데, 파티 장소나 데이트에서 하면 좋을 듯한 화려한 메이크업은 근무시간 업무에는 관심이 없고 퇴근 이후 생활에 더 집중하는 태도라고 생각하게 되는 것이다.

건강한 민낯, 면접에선 안 된다

트렌디한 메이크업도 면접에서는 오히려 낭패를 볼 수 있다. 스모키 메이크업, 물광 메이크업, 꿀광 메이크업 등 유행하는 메이크업을 따라 했다간 마이너스가 될 수밖에 없다. 면접관은 연배가 있고 보수적인 성향을 가지고 있기 때문에 익숙하지 않은 메이크업은 반감을 살 수 있다.

물론 진한 메이크업만으로 면접에서 떨어지지는 않겠지만, 누군가를 떨어뜨려야 하는 긴박한 상황에서는 충분히 부정적인 요소로 작용할 수도 있다. 평상시에 즐겨하던 메이크업은 잠시 접어두자.

그렇다면 안 할 수도 없고 과해서도 안 되는 면접 메이크업은 어떻게 하는 게 좋을까. 진하지 않으면서도 또렷하고 건강하게 보이는 면접 메이크업을 완성하기 위해서는 세 가지 스킬이 필요하다.

첫째, 화사한 피부 표현으로 건강한 느낌을 주는 피부 메이크업.

둘째, 또렷한 눈매로 자신감을 주는 아이 메이크업.

셋째, 생기 있는 인상을 주는 컬러 메이크업.

이 세 가지만 미리 준비한다면 준비된 직장인으로 거듭날 수 있다.

하지만 민낯으로 다니던 사람이 하루아침에 메이크업을 잘 하는 것은 쉽지 않다. 그렇다고 면접 당일 전문적인 샵에 가서 비싼 돈을 들여 메이크업을 받고 가는 지원자를 보면 안타깝다. 면접 때마다 그렇게 한다면 시간과 비용 또한 만만치 않다. 게다가 안 하던 메이크업을 갑자기 하면 본인도 어색하고 보는 사람도 어색하기 마련이다. 평소에도 꾸준히 메이크업을 해서 자신의 모습에 익숙해지는 것이

좋다.

메이크업은 누구나 관심을 갖고 조금만 노력하면 가능하다. 우선 내 인상을 가장 확실하게 바꿔줄 스킬 하나부터 시도해 보자!

건강한 민낯, 면접에선 안 된다

건강한
피부연출 노하우

"oh my God!"

면접날 아침 S는 거울을 보고 깜짝 놀랐다. 한동안 잠잠하던 여드름이 올라와 얼굴이 울긋불긋해진 것이다. 여기저기 원서 쓰느라 제대로 잠을 자지 못한 탓이었다. S처럼 면접 당일 피부고민을 토로하는 구직자가 의외로 많다.

면접에서 가장 중요한 피부연출은 '건강함'이 핵심이다. 피부는 외적인 이미지를 결정함과 동시에 신체적인 건강을 판단하는 기준도 되기 때문에 면접 당일 건강해 보이는 피부연출은 무엇보다 중요하다.

S처럼 갑작스런 피부 트러블이 생겼을 때 과한 메이크업으로 부자연스

러운 피부연출을 하는 것은 오히려 독이 된다. 화장을 하지 않은 것처럼 자연스럽게 커버해주면서 정돈된 피부로 보이는 것이 관건이다.

면접에서 호감을 주는 피부연출 노하우를 터득해 보자.

건강한 피부표현의 핵심 파운데이션

파운데이션은 피부톤을 정돈하고 칙칙한 피부를 화사하게 보정하여 인상을 깨끗하게 만들어주는 기능을 한다. 파운데이션을 효과적으로 표현하기 위해서는 전단계인 메이크업 베이스를 잘 선택해야 한다.

과하지 않으면서 건강한 피부를 표현하려면 메이크업 베이스는 투명으로 선택하는 게 좋다. 한때는 붉은 피부에는 초록색, 창백한 피부는 핑크색 등의 공식이 있었지만 이제는 아니다. 얼굴만 하얗게 만들어 목과

종류	기능	면접Tip
리퀴드 파운데이션	투명한 피부표현이 가능하지만 커버력이 약하다	피부트러블이 없고 밝은 피부를 가진 지원자
크림 파운데이션	수분을 공급해 촉촉하고 커버력이 좋다	여드름 등 피부트러블이 고민이거나 면접 시 긴장감으로 피부가 붉어지는 지원자
스틱 파운데이션	휴대하기 편하고 커버력이 가장 좋다	면접에서는 두꺼운 피부표현이 될 수 있으므로 NG
파운데이션 컴팩트	유분을 잡아주는 기능이 있고 보송보송한 피부표현이 가능하다	면접 당일 수정 메이크업용으로 OK
틴티드 로션, 비비크림	화장을 안 한 듯 자연스러운 피부연출이 가능하다	일반 면접보다는 캐주얼 복장 면접 때 사용하면 좋다

건강한 피부연출 노하우

얼굴을 분리시키던 과한 메이크업의 주범이 바로 컬러 컨트롤이 들어간 메이크업베이스다. 면접 메이크업을 할 때는 펄이 들어 광택기능이 있는 제품보다는 보습과 자외선 차단 기능이 있는 메이크업 베이스를 선택하는 것이 적절하다.

베이스가 준비되었다면 나에게 맞는 파운데이션 제품의 종류와 컬러를 선택해야 한다.

파운데이션 컬러를 선택할 때 기준이 되는 것은 내 피부다. 즉 내 피부색과 똑같은 컬러를 선택하는 것이 정답이다. 파운데이션을 바를 때는 양볼, 이마 등 넓은 부위부터 시작해서 두드리듯 바르고 충분히 두드려 흡수되도록 한다. 특히 놓치기 쉬운 입술주변과 입꼬리까지 세심하게 발라준다.

다크서클과 잡티 커버는 컨실러가 비법!

여성 구직자의 가장 큰 피부 고민은 다크서클이다. 다크서클은 눈가가 팬더처럼 어두워지는 증상을 말하는데, 얼굴 전체 이미지를 어둡게 만들어

피곤해 보이는 인상을 준다. 수면 부족이나 생리 전후, 취업 스트레스로 눈 주위 혈액 순환이 원활하지 않을 때 심해진다.

눈밑이 환하면 인상 전체가 화사해 보이기 때문에 면접에서는 다크서클만 잘 커버해도 건강한 피부를 만들 수 있다. 근본적인 처방은 눈가 보습을 도와주는 화장품을 사용하면 되지만 눈밑 처짐이 원인일 때는 피부과 시술을 통해서 도움을 받을 수도 있다. 면접을 위해서는 긴급 처방이 있는데 바로 눈밑 컨실러를 사용하는 것이다.

파운데이션을 눈밑에 두껍게 바르는 것은 좋지 않다. 두껍게 커버하면 시간이 지날수록 주름이 생긴다. 눈가는 가장 예민한 피부이기 때문에 쉽게 건조해져서 주름이 생기기도 쉽다.

피부 메이크업을 할 때 눈밑을 제외하고 파운데이션을 바른 후 눈밑 부분은 전용 컨실러를 사용한다. 눈밑 컨실러는 피부보다 한 톤 밝게 사용하고 촉촉한 타입을 사용하여야 잔주름을 방지할 수 있다. 푸르스름한 다크서클에는 핑크계열 컨실러를, 갈색의 다크서클에는 옐로 계열의 컨실러를 바르면 커버가 잘 된다.

다크서클이 해결되었다면 다음은 피부 잡티 커버다. 면접 당일 갑작스레 뾰루지가 났다면 당황한 마음에 짜고 싶은 충동이 들겠지만 짜는 순간 곧 후회가 밀려들고 말 것이다. 그때는 뾰루지에 손을 대는 대신 항염 성분을 함유한 여드름 전용 컨실러를 이용하여 점찍듯 발라준다.

잡티나 점을 커버할 때는 뾰루지나 잡티 위에 컨실러를 찍어주고 손가락을 이용하여 경계선이 사라지도록 기볍게 누드려준다. 이때 주의할 점은 잡티 커버용 컨실러는 눈밑 컨실러와는 달리 피부색보다 어두운 톤을 선택해야 한다는 것이다. 밝은 톤은 오히려 결점이 도드라질 수 있으므로 피부톤보다 한 톤 어둡고 매트한 컨실러를 사용한다. 염증으로 달아오른 부위는 열 때문에 화장이 쉽게 지워지기 때문에 파우더로 두드려준다.

면접 10일 전에 하는 피부과 시술

미국 라이스대학 심리학과의 미키 헤블Mikki Hebl 교수는 "면접자의 얼굴에 흉터나 반점, 사마귀나 주근깨 등이 있으면 취업 면접에서 낮은 점수를 받을 가능성이 크다."는 연구 결과를 발표했다. 연구에 의하면 점이나 흉터가 있는 경우 면접관이 그 사람에 대한 정보를 덜 기억하게 되고 결국 평가가 낮아진다는 것이다.

피부과 시술은 회복 기간이 필요하기 때문에 사전 정보를 잘 체크해야 한다. 면접 전에 유용한 피부과 시술에 대해 알아보자.

비타민 관리

피부과에서 하는 기초적인 관리로 전기 자극을 이용해 비타민 C를 피부 속까지 주입해주며 회당 3만~5만 원선이다. 단기간에 할 수 있는 화이트닝 방법으로 효과적이다. 회복기간이 따로 필요 없으므로 면접 2~3일 전에 하면 좋다.

토닝

레이저 토닝은 피부과 레이저 시술로 얼굴 전체 톤을 맑게 해주는 효과가 있다. 일주일에 한 번씩 5회 이상 해야 효과를 볼 수 있고, 비용은 회당 5만~10만 원선이다. 바로 일상생활이 가능하므로 면접 일정과 상관없이 진행할 수 있다.

물광 토닝은 칙칙한 피부로 피곤해 보이는 지원자의 경우 피부를 환하

건강한 피부연출 노하우

게 만들어주는 효과가 있다. 비용은 40만 원 정도로 비싸지만 여유가 되고 중요한 면접의 경우 한번쯤 시도해볼 만하다. 단, 일주일 정도만 환해지는 것을 느낄 수 있을 정도로 효과가 짧으므로 중요한 면접 직전에 하는 것이 좋다.

IPL

얼굴 전체의 잡티와 미백을 한 번에 할 수 있는 IPL은 1개월 간격으로 3회에 걸쳐 이루어지고 비용은 회당 15만~20만 원 선이다. IPL은 첫 시술 후 오히려 어두워졌다가 2~3일 후 다시 좋아지기 때문에 면접 전에 시간을 두고 하는 것이 좋다.

건강한 피부는 면접관에게 말하고 있다.

"저는 외모뿐 아니라 건강관리도 잘하는 사람이에요. 취업으로 인한 스트레스도 잘 극복하는 사람이랍니다."

건강한 피부 관리, 지금부터 시작하자.

03

똘망똘망한
눈 만들기

메이크업 시간이 딱 5분만 주어진다면, 나는 주저없이 아이메이크업을 선택할 것이다.

"수현아, 너 어디 아파? 요즘 바쁘다더니 피곤해 보인다."

"너 졸려? 눈이 영 졸려 보이는데……."

메이크업을 하지 않으면 가장 많이 듣는 말이다. 피곤하지 않아도 피곤해 보이고 아프지 않아도 아파 보이는 눈이 늘 고민이다.

내가 이 같은 주변의 이야기를 듣는 이유는 내 눈이 흩거풀에 두꺼운 눈두덩이기 때문이다. 이런 타입은 동양인에게 가장 많은 눈으로 뚜렷한 쌍꺼풀은 없지만 여러 겹의 잔 쌍꺼풀이 있다. 이런 경우 동양적인 매력은 있지만 면접에서 또렷한 느낌을 덜 주는 것이 단점이다.

면접에서 졸린 것 같거나 피곤해 보이는 인상이 호감을 줄 리는 없다. 또렷하고 당찬 이미지를 주기 위해서는 아이메이크업이 필수다.

면접을 위한 아이메이크업의 중요 포인트는 '선'이다. 얼굴에서 가장 먼저 눈에 들어오는 눈썹, 눈매를 또렷하게 하는 아이라인, 눈빛을 강조하는 마스카라가 선을 완성한다.

성형효과를 주는 아이메이크업, 꼼꼼하게 알아보자.

마법 같은 아이라인 성형

아이라이너는 눈매를 또렷하게 만들어주는 기능을 한다. 눈의 위쪽 눈꺼풀에 속눈썹이 나는데 속눈썹은 각각 하나의 점으로 이루어져 있다. 검은 속눈썹 사이사이가 하얀 살의 점막이어서 공간이 생기는데 아이라이너를 이용해 속눈썹 사이사이 점막 공간을 메워주면 점들이 선으로 연결되어 또렷해 보이는 효과가 생긴다.

아이라이너를 그릴 때 중요 포인트는 속눈썹 사이사이를 메워주는 것이다. 아이라인이 듬성듬성하거나 아이라인과 속눈썹 사이 공백이 있으면 어설픈 메이크업이 되고 만다.

아이라인을 그리기 전에는 눈두덩에 섀도를 발라 눈꺼풀의 유분기를 잡아줘야 라이너가 잘 그려질 수 있다. 먼저 눈의 중간부터 꼬리까지 그리고 나서 앞부분부터 서서히 연결시킨다. 빈 부분은 손으로 눈꺼풀을 살짝 들어올린 뒤 속눈썹 사이사이를 메운다는 느낌으로 그려준다.

이때 어떤 제품을 사용하는지가 중요하다. 면접에서는 너무 진한 메이

종류	장점	단점
리퀴드 아이라이너	번지지 않고 잘 그려짐	인위적이고 강해 보임
젤 아이라이너	또렷하고 잘 그려짐	브러시 사용으로 번거로움
펜슬 아이라이너	초보자가 그리기 쉬움	또렷하지 않고 번짐
붓펜 아이라이너	얇고 선명하게 그려짐	점막 메우기 불편

크업이 마이너스가 되므로 자연스럽게 그려지면서 잘 번지지 않는 젤 아이라이너가 좋다. 점막을 메우기 어려울 때는 최근에 나온 삼지창 아이라이너를 함께 사용한다. 한땀 한땀 콕콕 찍어서 그릴 수 있어 점막을 쉽게 메울 수 있다.

이렇게 공들여 한 메이크업이 물거품이 되는 순간도 있다.

대표적인 예가 유분으로 인한 눈밑 번짐이다. 마케팅 부서에서 일하고 일하고 있는 K는 이런 일을 자주 겪는다고 호소한다.

"중요한 협력업체 미팅이 있는 날이면 정성스레 메이크업을 해요. 어제는 친구에게 받은 펜슬라이너로 아이라인까지 정성껏 그렸는데…… 그런데 오후가 되니 눈밑이 완전히 검게 번졌더라고요. 메이크업을 하면 아이라이너가 번져서 눈 주변이 팬더가 되어버리는 바람에 메이크업을 하는 게 스트레스가 될 지경이에요."

아이라이너가 번져서 고민일 때 해결책은 두 가지다. 첫째, 아이라인을 그린 후 그 위에 섀도우를 발라주면 번짐을 방지할 수 있다. 둘째, 눈밑에 파우더를 꼼꼼하게 발라주는 것도 번짐을 해결하는 방법이다. 요즘은 번짐을 방지하는 아이프라이머 제품이 있으니 이를 이용하는 것도 도움이 된다. 그래도 번진다면 면봉과 수성 리무버를 파우치에 넣고 다니면

서 수시로 눈밑을 수정해주어야
한다.

속눈썹, 야무지게 올리기

마스카라의 어원은 에스파냐어
로 '가면, 변장'이라는 뜻이다.
가면을 뜻하는 마스크mask와 마
스카라는 같은 어원이다. 얼굴
을 다르게 바꾼다는 의미처럼 마스카라는 생기 있고 또렷한 눈매를 만들
어준다.

　나이가 들면 털이 얇고 가늘어져 탄성이 떨어지기 마련이다. 아래로
처진 속눈썹보다는 힘 있게 위로 올라간 눈썹이 젊고 건강하게 보인다.
특히 우리나라 여성의 속눈썹은 아래로 처지는 경우가 많은데 뷰러와 마
스카라로 속눈썹을 탄력 있게 바짝 올려주면 생기 있는 눈매를 만들 수
있다.

　메이크업 초보자는 속눈썹을 완벽하게 올리기가 쉽지 않다. 속눈썹을
야무지게 올리는 비법을 하나씩 배워보자.

　마스카라를 바르기 전 뷰러로 속눈썹을 올리는 것이 중요하다. 속눈썹
뿌리에 밀착하여 힘을 주어 눌러주고 조금 빼서 다시 눌러주는 방법으로
강, 약, 약 3단계로 나눠 올려준다. 이때 시선은 45도 아래로 향하는 것
이 좋다. 직모의 속눈썹이나 속눈썹 양쪽 끝은 숱이 적어 올리기가 어렵
다. 눈 가운데는 일반 뷰러로 올리고, 미니 뷰러를 사용해 속눈썹 양쪽 끝

마스카라 종류	좋은 점
롱래쉬 마스카라	속눈썹이 짧은 경우 길어 보이게 하는 마스카라로 섬유질 마스카라를 함께 바르면 효과적이다
컬링 마스카라	속눈썹이 처지고 힘이 없는 경우 컬링이 유지되는 마스카라로 나선형 브러시를 선택하면 컬링이 잘 된다
볼륨 마스카라	듬성듬성 숱이 없는 속눈썹의 경우 풍성하게 해주는 마스카라로 브러시가 촘촘하고 통통한 마스카라가 좋다

부분을 따로 집어준다. 미니뷰러는 일반 뷰러의 반 정도 크기로 숱이 적은 속눈썹 끝부분을 올리는 데 효과적이다.

뷰러로 잘 올린 다음 속눈썹을 더 길고 풍성하게 만들기 위해 마스카라를 사용한다. 마스카라는 속눈썹 뿌리 쪽부터 지그재그로 위로 올려 바른다. 속눈썹 중앙부터 시작해서 눈 앞머리 쪽과 눈꼬리 쪽까지 골고루 바른다. 마르고 나서 덧바르면 뭉치기 쉬우므로 마르기 전에 전체를 바를 수 있도록 한다. 마스카라를 바르고 나서 면봉으로 속눈썹 아랫부분을 받쳐주면 묻어나오는 것도 방지할 수 있고 컬링 효과도 생긴다.

마스카라를 선택할 때는 브러시 모양이 어떠냐에 따라 컬과 볼륨감에 차이가 난다. 사람마다 눈매와 속눈썹 타입이 다 다른데 어떤 마스카라를 고르면 좋을까?

면접 메이크업을 할 때는 컬링 마스카라를 사용하는 것이 좋다. 길고 풍성한 인형 같은 메이크업을 하는 것이 아니라 눈매를 강조하는 컬링이 중요하기 때문이다. 컬링 마스카라를 사용해도 속눈썹이 자꾸 처진다면 인위적으로 열을 가해주는 히팅 마스카라로 속눈썹의 컬링을 유지할 수도 있다.

인상을 결정하는 눈썹

눈썹이 바뀌면 사람의 인상이 달라진다. 눈썹은 얼굴에서 가장 진한 컬러라 사람을 인식할 때 먼저 눈에 들어오게 된다. 다양한 표정을 지을 때도 눈썹이 사용되기 때문에 의사소통 과정에서도 눈썹은 인상에 영향을 주는 보조적인 기능을 한다.

나는 메이크업을 한 지 10년이 넘었지만 아직도 눈썹을 그리는 일이 만만치 않다. 양쪽 눈썹 모양을 맞추기도 쉽지 않고, 눈썹 숱이 빈 곳이 많아 진짜 같은 자연스러운 눈썹을 만들기 위해 늘 고심해야 한다.

메이크업 초보자의 경우는 처음부터 완벽한 눈썹을 그리려고 하기보다는 눈썹 정리만 잘해도 쉽게 그릴 수 있다. 요즘은 눈썹을 전문적으로 정리해주는 아이브로우 바를 이용하거나 백화점에 있는 브랜드매장에 가서 제품을 구입할 때 "눈썹 정리 좀 해주세요."라고 부탁해서 전문가에게 기본 눈썹 모양을 잡는 것도 중요하다. 그 모양대로 다시 자라나는 부분만 정리하면 간단하게 눈썹을 정리할 수 있다.

어떤 도구로 눈썹을 그리는가에 따라서도 인상이 바뀔 수 있다. 눈썹을 그릴 때는 아이브로우 섀도나 아이브로우 펜슬을 이용하는 방법이 있다. 1990년대 메이크업은 에보니 펜슬을 이용해 인위적으로 그리는 것이 유행이었으나 길고 날카로운 눈썹은 인상을 강하게 할 뿐 아니라 나이 들어 보이므로 면접에서는 에보니 펜슬을 사용하지 않는다. 면접에서 좋은 인상을 주기 위해서는 아이브로우 섀도를 이용해 자연스럽게 눈썹을 그린다. 처음 눈썹의 모양을 잡거나 유난히 비어 보이는 곳, 눈썹 꼬리를 연장할 때는 아이브로우 펜슬을 이용하면 좋다.

일 잘하는 커리어우먼의 메이크업은 계속된 야근에도 피곤해 보이지 않는 '눈', 신입다운 젊음이 느껴지는 생기 있는 '속눈썹', 호감 가는 부드러운 '눈썹' 에서 비롯된다는 사실을 기억하자.

눈, 뺨, 입술에
'나다운 컬러'를 입혀라

면접 시 메이크업이 필수라는 사실을 인지하는 구직자는 많다. 하지만 대부분의 구직자들은 메이크업을 얼마나 해야 하는지, 얼마만큼 컬러를 입혀야 알맞은지 고민하게 된다. '면접'이라는 공적인 자리에 서려니 평소 메이크업과는 달라야 할 것 같은데 너무 과해도 문제가 될 것 같은 걱정이 앞서는 까닭이다. 정답을 말하면, 면접 메이크업을 할 때는 눈과 뺨, 입술 모두에 컬러를 입히는 것이 정석이다.

일반적으로 동양 여성의 얼굴은 계란형보다 너비감이 있는 넓은 둥근형인데다가 강한 인상을 심어주기 쉬운 광대뼈가 발달되어 있다. 상대적으로 서양인과 비교해 미간은 넓고 입술의 부피감은 적은 편이며, 볼륨감을 살려주는 이마 부분은 꺼져 있는 경우가 상당수다. 이를 보완하는 방법이 바로 컬러 메이크업이다. 눈과 볼, 입술 어느 하나만 메이크업을 할 경우 나머지 부분과 조화를 이루기 힘든 결과가 될 수 있다.

"컬러 메이크업을 하면 너무 얼굴이 진해지지 않나요? 과한 메이크업은 안하는 것보다 못하다던데……."

많은 구직자가 컬러 메이크업에 겁을 내는 이유는 과한 메이크업이 될 수 있다는 편견 때문이다. 하지만 오히려 눈이나 입술 혹은 뺨 가운데 한 부분만 메이크업을 할 경우, 전체적인 조화에 불균형이 생길 뿐만 아니라 그리다 만 그림처럼 흐름이 끊겨 어색할 수도 있다.

면접은 청순하고 예뻐 보이기 위한 것이 아니라 당당하고 자신감 넘치는 준비된 인재로서 호감을 어필하는 것이 목적이다. 피부톤을 건강하게 연출하는 것과 더불어 눈과 입술, 뺨에 생동감 있는 컬러를 자연스럽게 입혀줄 때, 기업이 원하는 준비된 인재로서의 매력을 드러낼 수 있다.

문제는 어떤 컬러로 얼마만큼 터치할 것인지 여부다. 컬러 메이크업을 할 때는 유행보다 자신에게 어울리는 컬러를 찾는 것이 중요하다. 사람마다 가장 잘 어울리는 컬러가 따로 있기 때문이다. 얼굴 톤과 헤어 컬러 등의 요소에 따라 크게 봄, 여름, 가을, 겨울 4계절 유형으로 컬러를 나누기도 하는데, 중요한 것은 자신의 피부톤과 생김새에 맞는 컬러를 찾고, 그 컬러 중심의 스타일링을 하는 것이다.

얼굴 피부톤은 크게 네 가지로 나눌 수 있다. 노란색이 많이 포함된 노리끼리 형, 전체적으로 울긋불긋한 붉은 톤이 많은 형, 어두운 황색 톤이 강한 형, 차갑고 창백한 형 등이다. 노리끼리 형과 황색 톤인 경우 일반적으로 따뜻한 이미지가 강하기 때문에 메이크업을 할 때 오렌지, 코랄, 베

눈, 뺨, 입술에 '나다운 컬러'를 입혀라

이지, 골드, 브라운 등 따뜻한 컬러 중심으로 메이크업을 하는 것이 좋다. 반면 울긋불긋 붉은 톤이 많은 형과 차갑고 창백한 경우는 차가운 이미지가 강하기 때문에 핑크, 파랑, 연보라, 파스텔 등 차가운 컬러가 잘 어울린다.

　자신의 피부톤에 맞는 컬러를 찾았더라도 메이크업 스킬에 따라 표현이 달라진다. 어설프면 독이 되는 컬러 메이크업 스킬을 알아보자.

눈이 부어 보이지 않는 것이 핵심

면접을 위해 아이메이크업을 하는 목적은 눈매를 또렷하게 하는 것이다. 앞에서 눈매를 또렷하게 하기 위한 방법으로 아이라이너 사용법을 배웠는데 이 아이라인을 강조하는 것이 아이섀도우다. 아이섀도우는 아이라인을 중심으로 음영을 주어 아이라인이 더욱 강조되도록 한다. 너무 튀거나 진한 컬러의 아이섀도우는 아이라인보다 컬러 그 자체를 강조하게 되므로 피하는 것이 좋다.

　면접 메이크업을 할 때는 아이라인을 보완해줄 수 있는 아이섀도우를 선택해야 한다. 자연스러운 메이크업을 위해 중간톤 아이섀도우를 선택하여 스킨컬러나 베이지컬러를 베이스로 하고, 피부톤과 어울리는 컬러로 포인트를 준다. 따뜻한 톤의 피부는 오렌지 섀도우를 포인트 컬러로 선택하고, 차가운 톤의 피부는 핑크 섀도우를 포인트 컬러로 선택한다.

눈두덩이 부어 있을 때는 핑크나 오렌지 등 붉은 계열의 섀도우는 더 부어 보이므로 사용하지 않도록 한다. 펄이 없는 스킨 톤 섀도우를 눈두덩 전체에 바른 후 연한 브라운 톤의 섀도우를 포인트 컬러로 활용하는 것이 좋다.

"메이크업을 하면 오전에는 예쁜데 오후만 되면 화장을 안 한 거 같아요."

분명히 메이크업을 했는데 시간이 지나면 지워져버린다는 여성이 많다. 아이메이크업이 오래 지속될 수 있는 비결을 알아보자.

피부에 남아 있는 유분감이 바로 아이메이크업의 변수다. 유분감 때문에 섀도우가 뭉치거나 번지고, 발색이 안 되기도 한다. 유분감 증가를 사전에 방지하기 위해 눈꺼풀에 파우더를 살짝 두드려주는 것이 팁이다.

일반적으로 아이섀도우는 크게 크림 타입과 파우더 타입으로 나뉜다. 파우더 타입은 발색력이 좋지만 쉽게 지워지는 단점이 있다. 아이섀도우의 입자가 고정되지 않고 날아가기 때문이다. 발색력을 유지시키기 위해서는 크림 타입 섀도우를 먼저 바르고 원하는 컬러의 파우더 타입 섀도우를 덧발라주는 것이 방법이다. 최근 기능성으로 출시된 유분감에 반응하지 않는 기능을 강조한 워터프루프 섀도우를 사용하는 것도 좋다.

건강함과 촌스러움의 경계, 볼터치

볼터치는 얼굴에 입체감을 주어 건강하고 생기 있는 얼굴을 만든다. 그러나 자칫 과하면 진한 메이크업이 되거나 긴장해서 울긋불긋해진 것처럼 보인다. 이를 방지하려면 무엇보다도 양 조절이 중요하다.

눈, 뺨, 입술에 '나다운 컬러'를 입혀라

파우더 타입은 마지막 단계에서 바르기 때문에 과할 경우에는 수정하기가 어렵고 시간이 지나면서 시워지는 경우가 많다. 면접 메이크업을 위해서는 파우더 타입의 볼터치보다는 촉촉한 피부와 자연스러운 혈색을 만들어주는 크림 타입을 사용하는 것이 좋다.

크림 타입 볼터치는 파운데이션을 바른 후 파우더를 바르기 전에 발라야 밀리거나 경계가 지지 않는다. 볼터치를 할 때는 미소를 띠면서 웃었을 때 둥글게 올라오는 부분을 시작으로 귓불까지 자연스럽게 연결시키면 더 쉽게 바를 수 있다.

한 가지 주의할 점은 모의면접을 했을 때 긴장감으로 얼굴이 붉어지는 사람은 볼터치를 생략하는 것이 좋다.

립글로스 vs 립스틱 무엇을 바를까

일반 메이크업을 할 때 많이 쓰는 립글로스는 번들거리는 느낌 때문에 단정하지 못하고 입술만 부각되므로 면접 메이크업에는 자제하는 것이 좋다. 립글로스 없이도 립스틱을 건강하고 깔끔하게 바르려면 바르기 전 준비 단계가 필요하다.

가장 중요한 단계는 수분공급이다. 피부는 정성껏 수분관리를 하면서 입술은 그냥 방치하는 경우가 많다. 립스틱만으로는 매트한 느낌이 들거나 긴장한 탓에 입술이 건조해진다면 수분관리가 필수다. 나는 개인적으로 가장 공을 들이는 것이 립밤 바르기다. 립밤을 자주 덧발라 입술 각질을 제거하고 입술에 수분을 공급한다. 면접 전날 입술에 꿀을 바르고 20분 정도 랩을 붙이는 것도 좋은 방법이다.

보습이 완성됐다면, 다음 단계는 입술선이다. 입술선이 흐리거나 혹은 착색되어 어두운 경우 입술뿐 아니라 입술선까지 마무리해야 깔끔하다. 이때 립라이너를 사용하는 방법도 있지만 피부와 같은 컬러의 컨실러를 이용하면 리무버 기능을 해서 자연스럽게 입술선을 완성할 수 있다.

립스틱은 바로 입술에 바르면 너무 진하게 표현되므로 손가락 끝에 묻혀 입술에 두드리듯이 발라 자연스럽게 표현한다.

자연스러운 메이크업과 노메이크업을 혼동해서는 곤란하다. 자연스러운 메이크업이 누드톤 컬러만 사용하는 밋밋한 메이크업도 아니다. 피부톤에 어울리는 컬러를 약간만 더하면 생기 있는 얼굴로 바뀐다는 점을 기억하자!

눈, 뺨, 입술에 '나다운 컬러'를 입혀라

면접 직전 체크하는 수성 메이크업

면접 당일 파우치 속 필수 아이템은 열 가지! 손거울, 면봉, 화장솜, 작은 병에 담은 수분크림, 기름종이, 컴팩트 타입 파운데이션, 블랙 펜슬형 아이라이너, 뷰러, 립밤, 립스틱이다.

기름진 피부 수정하기

기름종이로 눌러 유분을 정리한다. 기름종이가 없을 때에는 깨끗한 퍼프를 이용하여 눌러주면 기름기를 제거할 수 있다.

화장이 심하게 들뜬 경우에는 다시 파운데이션을 발라야 한다. 파운데이션을 그냥 덧바를 경우 뭉치거나 얼룩이 지기 때문에 먼저 수분크림을 화장솜에 묻혀 들뜬 부위를 지워준다. 수정용으로는 크림 타입보다 젤 타입의 수분크림이 효과적이다.

번진 눈 화장 수정하기

눈 화장을 수정하기 위해서는 면봉이 필수다. 면봉에 액체타입 리무버를 묻혀 파우치에 넣어 다니면 수정하기 편하다. 리무버 대신 수분크림을 사용하는 것도 가능하다. 우선 면봉으로 번진 아이라인과 언더 부분을 지워준다. 펜슬형 아이라이너를 이용해 다시 그리고 뷰러로 속눈썹을 한 번 더 올려주면 된다.

지워진 입술 수정하기

건조해서 갈라지고 지워진 입술은 수분크림을 바른 면봉으로 해결한다. 수분크림을 면봉에 발라 긁어내듯 입술을 닦은 후 화장솜을 물고 기다린다. 잠시 후 화장솜으로 깨끗하게 닦아내면 다시 촉촉한 입술이 된다. 면접 대기시간에는 수시로 립밤을 덧발라 촉촉함을 유지하고, 면접장에 들어가기 전 립스틱을 다시 바른다.

면접관의 고개를 젓게 만드는 헤어스타일

가끔 차를 타고 창밖을 바라보다 보면, 안타까운 멋을 자랑하는 젊은 여성들과 마주하게 된다. 본래 자신이 가지고 있는 외모의 장점, 현재 직업적 신분, 나이 등을 고려하지 않고 트렌드에 심취돼 무리하게 어울리지 않는 과장된 멋을 자랑하는 여성들을 볼 때면 체형에 맞지 않은 어색한 옷을 입은 듯한 느낌을 받는다.

며칠 전 만난 A가 그런 경우였다. 투톤의 유행하는 컬러로 헤어스타일에 변화를 주고 있었지만 어딘가 부자연스러웠다. 한참 구직활동을 하고 있는 구직자라는 신분과 거무스름한 피부에는 어울리지 않는 오렌지와 브라운의 투톤 염색 때문에 A에 대한 편견이 생기는 순간이었다.

구직자가 유행을 쫓는 헤어스타일을 하는 건 안타까운 일이다. 면접 헤어스타일은 멋이 아니라 면접관에게 호감을 사는 것이 중요하기 때문이다. 즉 면접에서 헤어란 업무를 잘 수행할 수 있는 사람임을 간접적으로 암시할 수 있는 일종의 장식이 되어야 한다.

예를 들어 아나운서를 대표하는 '짧은 단발머리'는 뉴스를 전할 때 외모에 시선을 빼앗기지 않도록 하기 위함이다. 물론 사각 모니터 화면이라는 제한된 공간의 구도 때문이기도 하다. 승무원이나 서비스 직무에 종사하는 사람들을 대표하는 망으로 감싼 '쪽머리'는 청결한 이미지와 함께 서비스 도중 머리카락이 빠지는 것을 막고, 유니폼이나 바닥에 머리카락이 떨어져 깔끔하지 못한 이미지가 되는 것을 미리 방지한다.

본래 헤어스타일은 얼굴을 돋보이게 하는 배경이 되어 얼굴형을 보완하기도 하고, 성 정체성의 기준으로 여성은 긴 헤어, 남성은 짧은 헤어로 구분되기도 했다. 그러나 구직활동에서 헤어란 성역할이나 얼굴형의 보완 기능보다 업무의 특징과 직업 이미지를 대표하는 역할에 초점을 맞춘다. 상황이 이런데도 여성 구직자들 가운데는 유행하는 여자 아이돌의 헤어를 따라하는 경우가 많다.

면접 이미지에서 가장 중요한 것은, 다시 강조하지만 얼마나 예쁘고 청초한지의 여부가 아니다. 직무에 맞는 역량과 조직생활에 알맞은 매너와 에티켓을 지녔는지의 확인이다. 직무의 특성을 반영한 헤어스타일을 완성했을 때, 훨씬 자신감 넘치고 당당한 여성의 이미지를 연출할 수 있다.

여기서는 20대 구직자는 선호하지만 면접관의 고개를 젓게 만드는 NG 헤어스타일을 꼼꼼히 살펴보자.

면접에서 헤어스타일은 직무의 특성에 초점을 맞추어야 한다.

귀여운 소녀 스타일 일자뱅

앞머리를 일자로 자른 스타일이 20대 여성들에게 인기다. 일자뱅 헤어의 인기는 영화 〈로마의 휴일〉에서 오드리 헵번이 보여준 짧은 앞머리로 '헵번스타일'이 유행하면서부터 시작되었을 것이다. 〈로마의 휴일〉은 일 때문에 로마에 온 주인공 앤 공주가 일탈을 감행하면서 시작된다. 앤 공주를 연기한 오드리 헵번은 서툴고 덜렁대지만 귀엽고 사랑스러운 캐릭터이다. 귀여운 이미지를 표현하기 위한 그녀의 선택이 앞머리였다.

뱅스타일 헤어는 귀엽고 어려 보이는 이미지를 연출한다. 그러나 남자친구와의 데이트에서는 어려보이는 이미지가 플러스일지 몰라도 면접에서는 성숙하지 못한 인상을 준다. 더욱이 여성 구직자들은 군복무 후 구직활동을 하는 남성 구직자에 비해 상대적으로 나이가 어리다. 남성 구직자와의 첫인상 경쟁에서 어려보이는 이미지는 자칫 신뢰감이 떨어진다. 게다가 면접관은 구직자와의 인터뷰에서 눈을 보며 대화하기 때문에 앞

면접관의 고개를 젓게 만드는 헤어스타일

머리가 이마 전체와 눈썹을 가릴 경우 보는 사람은 답답함을 느낀다.

면접에서는 일자뱅 스타일을 피하고, 신 앞머리는 눈을 가리지 않는 길이로 자른다. 이미 앞머리가 있는 경우라면 드라이로 비스듬하게 돌려 이마가 보이도록 하는 것이 좋다.

수줍고 청순가련한 긴 생머리

긴 생머리는 인사할 때 머리카락이 앞으로 쏟아지기도 하고, 면접을 보는 동안에도 무의식적으로 손이 머리를 만지게 되어 산만해 보일 수 있다. 게다가 업무를 지시하는 상사의 입장에서 보면 청순가련한 이미지 때문에 왠지 보호해줘야 할 것 같은 신입사원보다는 건강하고 씩씩해서 남성과 동등한 업무가 가능하고 야근도 거뜬하게 할 수 있어 보이는 지원자에게 호감이 간다.

때문에 면접에서는 어깨선을 기준으로 어깨선보다 내려오는 길이의 헤어는 묶어서 깔끔한 스타일을 하는 것이 좋다. 이때 묶는 방법은 업스타일과 포니테일 두 가지다.

업스타일은 승무원 '쪽머리' 라 불리는데, 하나로 묶어 헤어망으로 마무리하는 방법이다. 승무원이나 서비스 직무, 영양사, 행원 등에 지원하는 경우에는 업스타일 쪽머리를 하는 것이 좋다. 깔끔하게 고정시킨 머리는 규제와 자제력을 의미하기 때문에 유니폼을 입거나 외모에 제한을 두는 직무에서 헤어 규정인 경우가 많다. 평소 업스타일은 자연스럽게 흘러내리듯 연출하는 게 예쁘지만, 면접에서는 스틱왁스를 사용해 잔머리가 나오지 않게 깔끔하게 정리해야 한다. 잔머리 없이 깔끔하게 정리된 단정한 헤어가 고객에게 신뢰감을 주기 때문이다.

그 외의 직무에 지원하는 경우는 단정하게 포니테일로 연출하는 것이 좋다. 포니테일은 카리스마 있고 프로페셔널한 이미지를 주기 때문에 커리어우먼의 이미지에도 잘 어울린다. 포니테일을 할 때는 높이가 중요한데 정수리 가까이 높게 묶은 머리는 캐주얼하고 성숙하지 않은 인상을 주므로 귀 뒤쪽까지 내려오도록 아래쪽으로 내려 묶어 길게 늘어뜨린다.

'삐죽삐죽' 보이시한 샤기컷

단발은 일반적으로 가장 깔끔하고 면접에 정형화 된 헤어스타일로 생각되지만 단발에도 면접에 어울리지 않는 경우가 있다. 층이 심한 샤기컷이나 C컬을 바깥쪽으로 말아 귀여운 이미지를 강조한 단발, 밑단에 풍성한 컬을 넣은 바디펌이나 발롱펌의 단발은 면접에서는 자제할 필요가 있다.

반면에 면접관이 가장 선호하는 헤어스타일은 '보브 단발'이다. 보브 단발은 아나운서 머리라고도 불리는데, 전문성과 지적인 느낌으로 정장 스타일과 잘 어울린다. 커리어우먼 역시 긴 머리는 출근 준비에도 시간이 많이 걸리고 일하기도 불편하기 때문에 보브 단발을 선호한다.

여기서 얼굴형에 따른 단발헤어 연출법을 알아보자. 긴 얼굴의 경우 턱선까지 길게 내려오는 단발은 오히려 얼굴이 더 길어 보인다. 귀밑 5센티미터 정도에서 턱선 사이에 머리끝이 오도록 짧은 단발을 하면 얼굴형을 커버할 수 있다. 반대로 둥근 얼굴의 경우 턱선에 맞춰서 머리끝을 자르면 얼굴이 길어 보이는 효과를 줄 수 있다. 특히 앞머리 라인을 코끝이나 턱선으로 맞추면 둥근 얼굴을 커버할 수 있다. 목이 짧거나 두꺼운 경

면접관의 고개를 젓게 만드는 헤어스타일

우 길이가 어깨선에 닿지 않도록 하는 것이 좋다. 우리나라 여성에게 많은 각진 얼굴은 옆머리에 층을 내 각진 얼굴을 커버한다. 이때 7:3, 6:4 정도의 가르마를 타면 부드러운 이미지를 줄 수 있다.

면접에서는 짧은 단발머리와 깔끔하게 묶은 머리가 독립적이고 일할 준비가 되어있음을 암시한다. 무작정 스타들을 따라할 것이 아니라 면접에 맞는 헤어스타일은 따로 있다는 점을 명심하자.

6 Chapter

마지막 관문을
통과할 열쇠,
스피치 스펙

이색적인 채용 속
돋보이기 전략 A부터 Z까지

기업마다 이색적인 채용이 늘어나고 있다. 대표적인 케이스가 자기PR 시간이 늘어난 현대자동차와 오디션 형식을 도입한 SK, KT다.

"자신만의 차별화된 가치를 다양하게 표현할 수 있는 '5분 자기PR' 심사를 한다. 합격자는 서류전형을 면제시켜주는데 이들 중 상당수가 채용에서 최종 합격했다."

현대자동차는 서류심사만으로는 볼 수 없는 다양한 역량과 경험을 갖춘 인재를 선발하고자 '5분 자기PR' 심사 방식을 도입했다. SK는 '바이킹 챌린지 오디션 프로그램'을 통해 넘치는 끼와 열정으로 새로운 도전을 즐기는 인재를 선발하고, KT는 'KT올레 스타오디션'을 통해 현장 면접을 실시한다.

아예 이색적인 테스트를 면접에 적용해 인재 채용에 새로운 시스템을 도입한 기업도 있다. 샘표, 하이트, SPC가 대표적인 사례다. 샘표의 경우 요리면접을 실시하는데, 직접 재료와 주제를 정해 음식을 만들고 발표하도록 한다. 샘표 인사담당자는 이색채용을 진행하게 된 이유에 대해 이렇게 말한다.

"요리를 알아야 주부의 마음을 이해할 수 있죠, 요리 실력을 보려는 것이 아니라 요리를 통해 지원자의 성격, 적응력, 조직 내에서의 역할 등을 중점적으로 평가합니다."

이처럼 이색 채용이 늘어나는 것은 단순히 트렌디한 채용 흐름 때문이 아니라 지원자의 본모습을 채용 전에 확인하기 위한 기업들의 투자인 셈이다.

SPC 역시 새로운 테스트를 시작했다. SPC그룹은 지원자들을 대상으로 소금물 농도를 5단계로 나눠 진한 순서대로 나열하는 등의 방법으로 미각테스트를 한다. 또한 주류회사인 하이트 진로는 '음주면접'을 통해 주도에 대한 이해와 인성을 점검한다. 이밖에 SNS로 본인을 얼마나 잘 표현하고 공감을 이끌어내는지를 평가하는 SNS를 활용한 소셜 채용도 늘어나고 있다. 이러한 시도들은 결국 면접에서 보이는 구직자의 행동이나 특성을 면밀히 관찰해 기업의 인재상과 맞는지를 확인하기 위한 새로운 방법으로 해석될 수 있다.

그러나 뭐니뭐니해도 이색 채용에서 가장 중요한 부분을 차지하는 것은 자기PR부문이다. 기업은 확대된 자기PR을 통해 강점분석 여부, 표현력 수준, 참신한 구성력 등을 검증할 수 있기 때문이다.

이색적인 채용 속 돋보이기 전략 A부터 Z까지

자기PR에서 돋보일 수 있는 전략을 살펴보도록 하자.

강점분석이 잘되어 있는가?

자기탐색을 통해 강점분석이 잘되어 있는 지원자는 해당 직무와의 궁합도 좋고 기업문화와도 잘 맞아 이직률이 낮을 것이고 결국 기업에 대한 충성도도 높을 수밖에 없다. 때문에 자기탐색을 통해 자신의 강점과 직무를 위해 준비한 스킬이 기업의 특징에 얼마나 잘 부합되는지의 여부를 자기PR에 녹여주면 좋다.

대표적인 케이스로 K은행의 상품을 자기소개에 녹여 합격한 지원자 S의 사례를 들어보자. 기업의 특색 있는 상품과 자신의 강점을 연결시킨 자기소개로 자기PR에 기업과 자신이 동시에 들어 있다는 차별성이 있다.

"안녕하십니까? K은행의 e파워자유적금 같은 지원자 S입니다.

저의 두 가지 장점이 e파워자유적금과 유사합니다.

첫째, 친화력입니다. 가입대상에 제한이 없고 매월 1~500만 원까지 자유납입이 가능하여 많은 사람이 쉽게 접근할 수 있는 이 상품처럼 저 역시 어떤 사람을 만나거나 어느 조직에 속해도 쉽고 편안하게 다가갈 수 있습니다. 실제로 전국 100여 개의 연합동아리 활동 시 한번 말을 했던 친구들을 기억하고 학기가 시작되어도 연락을 이어가며 친분을 유지한 결과, 60퍼센트 이상의 득표로 연합동아리 부회장을 역임할 수 있었습니다.

둘째, 팀워크가 좋습니다. KB 스타트 통장, 락스타 통장 가입 시 연

0.3퍼센트의 금리우대를 받을 수 있는 것처럼 저는 다양한 팀 활동을 하며 팀워크를 키웠습니다. 한국은행에서 계약직으로 일할 때는 팀장으로서 팀원들과 기업의 대외차입 규모를 조사하는 업무를 맡았습니다. 팀원들이 생소한 전문용어로 어려움을 겪을 때 직접 담당자들과 통화하며 모니터 일지와 매뉴얼을 만들어 팀원들과 공유했고, 팀의 업무를 원활하게 마무리하여 회수율 96퍼센트로 팀원 전체의 계약기간까지 연장할 수 있었습니다.

이제 K은행의 행원으로서 친화력과 팀워크로 고객에게 친근하게 다가가 다양한 상품을 알리고, 아시아 금융을 선도하는 글로벌 뱅크로 거듭나는 데 일조하고 싶습니다."

표현력이 어느 정도인가?

"상쾌한 일요일 아침입니다. 오늘은 B대학교 국어교육과 O의 등장으로 전국이 대체로 포근해 나들이하기에 더없이 좋은 날씨가 되겠습니다. 자세한 지역별 날씨입니다. 머리에 해당하는 북부지역은 차가운 이성으로 조금 쌀쌀하겠습니다. 저는 B대학교 학생 홍보대사 회장으로 활동하며 리더십과 상황 판단력을 키웠고, 뛰어난 논리력을 바탕으로 교내 글쓰기 대회에서 대상을 수상하였습니다.

가슴에는 따뜻한 봄바람이 불겠습니다. 광주 국제영화제 자원봉사자로 활동하였고, 최근에는 한 대학생 봉사단에서 활동하며 사랑을 배우고 또 나누고 있습니다. 다양한 아르바이트 경험을 바탕으로 한 건강한 정신과 튼튼한 두 다리에는 강한 햇빛이 비칠 것으로 예상됩

이색적인 채용 속 돋보이기 전략 A부터 Z까지

니다.

한상 봄처럼 새롭고 부지런히 움직이는 저 O의 영향으로 따뜻한 봄
날씨는 앞으로도 쭉 계속될 전망입니다."

스피치 콘테스트에 실제로 참여한 여학생의 표현력이 돋보였던 사례
다. 이 지원자는 자신의 강점을 지역별 날씨에 맞춰 강조하는 등 표현력
이 창의적이었던 것을 알 수 있다. 실제로 이 여학생은 이 콘테스트에서 5
승까지 수상했다.

자기PR에서 표현력이 좋은 지원자는 글쓰기, 말하기 등의 기초역량이
뛰어나고 관찰력이 좋다는 것을 확인할 수 있다.

참신한 구성력이 있는가?

자기소개 구성을 잘하는 지원자는 전략이 있고 차별화된 콘셉트로 자신만
의 스토리를 담을 수 있다. 자기소개라고 해서 계속 나열식으로 무작정 오
버하거나 임기응변식으로 한다면 5분이라는 시간 동안 밀도 있게 나를 보
여줄 수 없다. 주어진 시간 안에서도 참신한 구성과 기승전결이 필요한데,
대표적인 케이스로 인사팀에 지원한 Y의 사례를 뽑을 수 있다.

"안녕하십니까? 지원자 Y입니다.
저는 저를 네 가지 단어로 말씀드리고 싶습니다.
첫번째는 꿈입니다. 저는 꿈이 있습니다. 다이어트를 위해서 현재까
지 이어오고 있는 7년간의 운동은 부지런함과 제 삶에 대한 열정을

보여주고 있습니다. 두번째는 틀입니다. 저는 항상 틀의 중간에 있었습니다. 정비병이면서 개원이었고 학회에서는 동아리 장이면서 후배들을 이끄는 리더로서의 역할을 하고 있습니다. 세번째는 다시 꿈입니다. 저는 꿈이 있습니다. S자동차에서 S자동차의 직원을 격려하며 인사팀의 전문가가 되고 싶습니다. 네번째는 다시 틀입니다. 사용자와 직원 간에 발생할 수 있는 여러 마찰을 해결하고 싶습니다. 저는 이렇게 저의 네 가지 역량, 두 개의 꿈과 두 개의 틀을 통해 S자동차 인사팀에서 '꿈틀꿈틀' 대는 지원자가 되고 싶습니다.”

자기PR은 분명히 기업이 인재에게 기대하는 역량을 체크할 수 있는 중요한 부분이다. 하지만 기억해야 할 것은 이색적인 자기PR이라고 해서 무조건 이색적인 느낌만을 강조하는 과장되고 어색한 퍼포먼스를 보여서는 안 된다는 점이다. 실제로 인사담당자들의 설문조사 결과에 따르면, 무리수를 둔 자기PR에 당혹함을 표현하는 내용이 잘 나타나 있다.

취업포털 '사람인'이 구직자 909명과 인사담당자 275명을 대상으로 한 '면접 중 합격을 위한 무리수 행동 여부' 설문에서 구직자의 71.1퍼센트가 '무리한 행동을 한 적이 있다'고 답했고, 인사담당자 89.1퍼센트가 면접 중 무리한 행동을 하는 지원자들 중 85.7퍼센트를 탈락시켰다고 답했다. 많은 지원자가 '이색'이라는 말을 잘못 해석해 취업에 실패하는 셈이다.

방법이 바뀔 뿐이지 조직의 인재상에 맞는 지원자를 선발하고자 하는 면접의 기본 목적은 변하지 않는다. 오디션 채용, 스토리텔링 채용, SNS를 활용한 취업포트폴리오 채용 모두 지원자가 살아온 결과물이 자기PR

에 담겨져 있는지의 여부를 확인하는 과정이다. 내가 타고난 기질과 살아오면서 주변 환경에 영향을 받아서 변화된 모습을 통해 결국 지금의 내가 기업의 인재상과 어떻게 맞아 떨어지는지를 잘 표현하는 것이 바로 이색적인 자기PR의 핵심이 되어야 한다.

자기PR로
면접관 사로잡기

스펙이라고 하면 이력서에 기술한 영어점수, 학점, 자격증 등 데이터로 나타낼 수 있는 것들만 생각하는데 면접에서는 무형의 스펙들이 형성되곤 한다. 이미지 스펙과 함께 말로 전달되는 것에서 나오는 콘텐츠와 목소리, 보디랭귀지까지도 스피치 스펙이 될 수 있는 것이다. 그중에서도 스피치 스펙에서의 하이라이트는 자기소개다. 응시자의 역량을 파악하는 동시에 프레젠테이션 능력도 함께 평가할 수 있기 때문에 모든 면접에서 자기소개가 실시되고 있는데, 이 기능에 따라 요구하는 분량도 달라진다. 평가 포인트는 자신에 대한 객관적인 분석을 바탕으로 얼마나 다른 사람에게 어필하는가에 있다.

말하자면 자기소개는 영화의 예고편과 같다. 영화 예고편은 제작사가 불특정 다수를 상대로 특정영화를 구매하도록 설득하는 메시지다. 예고편을 보고 나서 "와, 재밌겠다. 저 영화 나오면 꼭 봐야지."라고 할 때도 있고 "저 영화는 별로인 거 같아."라고 반응하기도 한다. 따라서 예고편에는 전체 영화에서 관객이 인지해야 하는 중요한 이야기가 녹아들어야 한다. 그리고 당연히 관객이 관심을 가질 수 있도록 흡입력 있고 짜임새 있게 구성되어야 한다.

면접의 자기소개에서는 시간과 내용이 흡입력과 짜임새를 도와주는 중요한 관건이다. 시간은 주어진 시간의 80퍼센트 정도면 충분하고, 자기소개에 꼭 들어가야 하는 내용의 3요소는 성명, 지원직무, 지원직무 관련 경험과 강점이다. 3요소 중 가장 핵심은 '지원직무 관련 경험과 강점'인데 이를 위해서는 '직무'에 무게를 둔 방법과 '나'에 무게를 둔 방법 두 가지가 있다.

이 장에서는 면접관에게 나를 보여줄 수 있는 자기소개의 기본 틀과 다양한 활용법을 알아보자.

Styling tip

자기소개 3요소

1. 성명
2. 지원직무
3. 지원직무 관련 경험과 강점

직무에 무게를 둔 자기소개

면접 시 자기소개에서는 자신에 대한 단순한 설명이 아니라 직무에 대한 관심과 자신의 역량을 보여줄 수 있어야 한다. 지원 직무를 위해 준비한 경험과 다른 지원자와는 차별화되는 나만의 강점으로 자기소개를 하는 것이다. 직무에 대한 경험 1개, 인성을 보여줄 수 있는 경험 1개 정도를 활용한다.

이 방법은 직무와 유사한 경험을 통해 직무에 대한 열정과 준비성을 보여준다. 면접관에게 지원 직무에 대한 관심과 전문성을 직접적으로 강조할 수 있다는 장점이 있다.

예를 들어보자. 직무에 대한 경험인 '40개 재무재표 분석'과 인성에 대한 경험인 '후원금 모금' 두 가지를 전문성과 영업력으로 연결시킨 A투자증권 합격자의 자기소개다.

"A투자증권 지원자 K입니다. 저에게는 두 가지 장점이 있습니다.

첫째, 40개 재무재표를 분석한 전문성입니다. 투자학회 활동을 하면서 약 40개 현장 기업의 재무재표를 직접 분석해 보았고 금융 자격증을 통하여 관련 지식을 익혔습니다. 이러한 저의 분석력은 전문성을 요하는 투자증권에서 고객들에게 신뢰로 다가갈 것입니다.

둘째, 적극성입니다. 봉사 동아리 회장 시절 선배들에게 직접 찾아가 초대장을 전달하며 200만 원 이상의 후원금을 모금하였습니다. 적극적인 성격을 바탕으로 A투자증권의 가장 중요한 업무의 본질이라고 할 수 있는 영업력에 있어서 다른 회사, 다른 기관과의 관계 구축을 통하여 영업의 극대화를 가져올 수 있습니다."

특히 이공계 직무의 경우 전공분야가 가장 중요하기 때문에 직무와 관련성이 높은 경험 1개와 전공 관련 지식 1개를 중심으로 구성하는 것이 좋다. 더불어 지원 동기나 해당 직무에 대한 목표를 결론 부분으로 넣어 마무리할 수 있다.

다음은 H자동차 연구직 지원자의 100초 자기소개 합격 사례다. '학부연구생'으로 활동했던 직무관련 경험과 '관련분야 복수전공'을 통한 전공 관련 지식으로 자기소개를 구성했다.

"25만 킬로를 달린 남자 100만 킬로를 달릴 남자 Y입니다. 2년 동안 병역 특례업체에서 일하면서 자동차와 함께 25만 킬로를 달렸습니다. 자동차와 함께하는 시간 동안 빗길에서 슬립현상 등의 위험상황을 겪거나 연비를 높이기 위한 ECO 드라이빙 시스템 등을 경험하면서 점차 자동차의 여러 기능과 편리성에 대해 생각했습니다. 위험상황에서 차량이 어떠한 기능으로 주행 안전성을 높이는지에 관한 궁금증과 함께 차량안전시스템에 관심이 생겼습니다. 저는 자동차 분야 연구원이 되기 위해 2가지 노력을 중점적으로 기울였습니다.

첫째, 실무능력을 갖추기 위해 학부연구생으로 활동하며 '협소 공간에서의 스마트 주차 시스템'을 개발하였습니다.

둘째, 차량관련 신기술은 전자전기적인 요소와 기계공학적인 요소가 밀접한 관련이 있다는 것을 깨닫고 '전자전기 공학'과 '바이오메카트로닉스 학과'를 복수 전공하였습니다.

25만 킬로라는 주행거리는 단지 숫자에 불과하지만 저에게는 운전자 입장에서 차량에 필요한 기능을 생각해보는 값진 시간이었습니다. 이제는 H자동차에서 ASV 개발을 담당하는 전자설계 부분 연구원으로서 운전자뿐만 아니라 보행자 및 상대 차량의 안전성까지 생각하는 연구 및 실험을 통해 100만 킬로라는 주행거리를 채우겠습니다."

'나'에 무게를 둔 자기소개

면접관은 자기소개를 통해 지원자의 성향과 백그라운드를 알고 싶어 한다. 나만의 특별한 환경, 터닝 포인트, 이름이나 외모를 활용해 '나'에 대한 이야기로 자기소개를 구성한다.

이 방법은 리더십, 도전정신 등의 역량을 강조하지는 않지만 개인의 성향과 배경을 통해 역량이 드러나게 한다. 면접관이 궁금증을 가지게 할 수 있다는 장점이 있다.

자신의 특별한 환경을 활용한 자기소개

"여섯 개의 초등학교 동창회를 가지고 있는 지원자 R입니다. 아버님의 직업으로 강원도에서 시작해 충청도를 거쳐 경상도까지 갔습니다. 잦은 이사 때문에 전학 간 학교에서는 늘 친구의 교과서를 빌려야 했고 운동복을 빌려야 하는 기간도 있었습니다. 그러면서 친구들과 쉽게 친해지는 방법을 배웠습니다. 친구들에게 다가가기 위해 애쓰다보니 상대의 이야기를 잘 들어주고 호응하는 것이 자연스러워졌습니다. 그 덕에 각 지역마다 친구가 있고 6개의 동창회 모두 지금까지 유지하고 있습니다. 여섯 개의 동창회로 여섯 배의 인맥을 가지고 있는 지원자 R입니다."

지금의 나를 있게 한 과거의 환경과 성장배경을 인용한 자기소개다.

잦은 이사, 딸부잣집, 대가족 등 특별한 환경을 통해 형성된 나의 인성과 삶의 태도를 보여줄 수 있도록 한다. 이러한 자기소개는 스토리텔링 기법을 활용할 수 있고, 환경이 독특할 경우에는 감성적인 임팩트를 줄 수 있는 장점도 있다. 다만 부모님의 이혼이나 경제적인 파산 등 회사에서는 좋아하지 않을 수 있는 일부 부정적인 소재는 피하는 것이 좋다.

터닝 포인트를 활용한 자기소개

"초등학교 때 발병한 아토피라는 질병은 저에게 많은 것을 가르쳐주었습니다. 치료를 위해 전학 간 시골학교에서 새로운 친구를 만나 적응하게 해주었고 긴 인내 속에서 자신을 지켜나가는 힘을 기를 수 있게 해주었습니다. 밤마다 가려움과 싸우며 참아내는 법을 터득했으며, 질병을 이겨내기 위해 수없이 자신과의 싸움을 계속했습니다. 이후 누구보다 건강한 모습으로 학창시절을 보낼 수 있었고, 건강한 마음가짐으로 인생을 바라보게 되었습니다. 신입사원으로 새로운 업무를 수행하는 데 발생할 수 있는 여러 환경 속에서 건강한 마음가짐과 인내를 통해 저를 증명하겠습니다."

경험만큼 나를 잘 보여줄 수 있는 자기소개는 없다. 가장 좋은 경험은 나를 새롭게 변화시킨 터닝 포인트를 활용한 자기소개다. 특히 단점 극복을 통해 새로운 원동력이 된 경험은 신뢰를 줄 수 있다. 이때 사실을 증명할 수 있는 설명과 자료를 제시하는 것이 좋다. 단, 군대생활이나 연애 같은 경험은 피하는 것이 좋다.

이름, 외모의 특징을 활용한 자기소개

"제 이름은 이슬이입니다. 네, 이슬이는 술 이름입니다. 남녀노소 모두 다 저를 좋아합니다. 학창시절 이슬이는 선생님들도 쉽게 기억하셔서 야간 자율학습시간에 도망을 가지도 못했습니다. 교수님들께서도 출석부의 제 이름을 보고 늘 발표자로 지목하셔서 저는 늘 수업준비에도 더 신경을 썼습니다.

그렇게 저는 늘 제 이름에 책임을 지며 살아왔습니다. D가 대한민국 대표 기업이듯이 저는 D의 대표 이슬이가 되겠습니다."

이슬이처럼 이름이 독특한 경우에는 이름의 의미나 이름으로 인한 에피소드를 통해 자기소개를 할 수 있다.

S전자에 합격한 K의 경우는 외모의 특징을 활용한 자기소개를 준비했다. 컨설팅에서 만난 K는 첫 만남부터 친근한 인상을 줬다. 해리포터를 쏙 빼닮은 외모 때문이었다. K는 이런 장점을 살려 자기소개를 준비했다.

독특한 이름이나 별명, 생김새는 기억에 오래 남는다. 면접에서도 이점을 이용하여 처음에는 자신의 독특한 특징으로 재미있게 분위기를 환기한 후 그것을 회사와 직무, 성격으로 연결시키는 방법으로 자기소개를 한다.

자기소개 방법에 정답은 없다. 영화 예고편의 'coming soon' 이라는 문구가 주는 기대감을 면접관에게 줄 수 있다면 면접관은 이미 나의 관객이다. 주어진 자기소개 시간을 효과적인 자기PR의 기회로 활용하자.

자기소개 worst 샘플

세 가지 이상의 역량을 나열하는 자기소개

"저는 어학연수를 통해 글로벌역량을 키웠습니다. 다양한 아르바이트 경험을 통해 서비스 마인드와 커뮤니케이션 능력을 길렀습니다. 또한 도전정신이 강하며 열정을 갖고 있습니다. 이러한 저의 역량은 마케팅 직무에 있어 강점이라고 생각합니다."

▶많은 역량을 강조하는 자기소개는 그 어떤 역량도 제대로 전달할 수 없다. 짧은 자기소개 시간 동안 너무 욕심내지 마라.

자기 자신이 없는 자기소개

"저는 박지성 선수와 같은 두 개의 심장을 가지고 있습니다. 90분 동안 그라운드 곳곳을 누비는 박지성 선수는 공격수지만 적극적으로 수비에도 가담하며 강철 체력을 보여줍니다. 이러한 박지성 선수처럼 기회가 온다면 어떤 공이든 패스하고 슛할 수 있도록 최선을 다하겠습니다."

▶이런 자기소개는 박지성 선수 소개이지 자신에 대한 소개가 아니다. 자기소개는 영어로 'Introduce yourself'임을 잊지 말자.

근거 없는 자기소개

"저는 정직함을 제 인생 최고의 가치로 두고 지금까지 살아왔습니다. 그 결과 지금까지도 당당하게 살 수 있었습니다. 이러한 정직함은 사람들에게 먼저 다가가는 솔직함으로 이어져 원만한 인간관계를 쌓을 수 있었습니다."

▶근거 없이 말만 잘하는 자기소개다. 경험으로 뒷받침되는 근거가 없는 역량은 설득력이 없다. 특히 온갖 미사여구를 동원하거나 어려운 고사성어를 남발하는 자기소개는 진실성이 없다.

진정성 있는 스토리로
전달하라

　김난도 교수는 "진정성이란 듣기 좋게 꾸며낸 말보다 실제 모습과 구체적인 행동을 통해서 더 잘 전달된다."고 말했다. 면접관도 '진정성' 있는 지원자에게 더 반응한다. 다양한 스펙으로 얻은 과도한 정보와 막힘없는 달변을 자랑하는 지원자를 채용한 결과가 만족스럽지 않았을 때 실망하게 된 경험으로 면접에서 진정성이 더욱 중요해진 것이다. 진정성으로 면접관을 설득하기 위해서는 구체적인 자신의 경험과 이를 전달하는 스토리가 있어야 한다.

　그런데 스토리란 뭘까? 구직자들은 스토리를 진짜 일어난 사건이라고 착각한다. '사건'과 '스토리'는 다르다. 스토리에는 메시지가 있다. 사건을 통해 '아하!' 라고 알게 된 나만의 깨달음이 있어야 스토리가 된다. 메시지가 없는 사건은 잡담과 다름없다.

LG CNS 인사팀 이호석 부장은 "화려한 스펙보다는 자신들의 경험을 엮어 나만의 스토리를 만드는 것이 중요하다."고 강조한다. 이 부장은 "자신의 경험에 의미를 부여하다보면 직무에 맞는 역량을 강조할 수 있는 나만의 스토리를 만들 수 있다."고 조언한다.

진심으로 행한 나의 행동이 스토리가 되어 전달될 때 상대의 마음을 움직일 수 있다. 진정성 있는 스토리의 세 가지 조건을 살펴보자.

구체성이 녹아 있어야 스토리가 완성된다

| 자기소개 Before |

"저는 자신을 세 가지로 소개하고 싶습니다. 첫째, 저는 도전정신이 있는 사람입니다. 둘째, 저는 리더십 역량을 갖고 있습니다. 셋째, 저는 커뮤니케이션 능력이 있습니다. 이에 대하여 설명을 하겠습니다. 첫째, 저는 도전정신이 매우 강하여 대학생활 동안 15개국을 다녀왔습니다. 둘째, 학생회장을 하면서 리더십을 키울 수 있었습니다. 셋째, 다양한 아르바이트 경험을 통해서 커뮤니케이션 스킬을 익혔습니다. 이러한 세 가지 역량은 해외영업 직무에 있어서 매우 필요한 것이라고 생각합니다."

이 경우 자신의 경쟁력을 보여주기 위해 여러 경험을 나열하다 보니 각 경험의 과정과 결과에 대한 이유, 깨달음에서 오는 '나의 성장' 을 제대로

진정성 있는 스토리로 전달하라

부각하지 못했다.

진정성 있는 스토리는 구체성이 있어야 한다. 구체성 있는 스토리에는 원칙이 있는데, KT기법을 활용하는 것이다. 이 기법을 고안한 찰스 케프너Charles H. Kepner와 벤자민 트리고Benjamin B. Tregoe의 성을 딴 KT기법은 혁신적인 사고 기법으로 삼성뿐 아니라 많은 기업에서 활용하고 있다.

KT기법은 SA(상황분석, Situation Analysis), PA(문제분석, Problem Analysis), DA(결정분석, Decision Analysis), PPA(잠재적 문제분석, Potential Problem Analysis)의 4단계로 사고 순서를 체계화한다. KT기법을 활용하여 경험을 정리하면 SA: 무엇이 일어나고 있나, PA: 원인은 무엇인가, DA: 판단과 행동은 어떤 것인가, PPA: 앞으로 어떤 일이 일어날 것이며 그때 어떻게 하면 좋은가에 대한 미래 행동을 계획할 수 있다.

앞에서 예로 든 자기소개를 KT기법으로 다시 정리해 보자. 다시 말하지만 짧은 시간 동안 많은 경험을 이야기하는 것은 그리 좋은 방법이 아니다. 세 가지 경험 중 첫번째 도전정신을 보여주는 '15개국 여행'이라는 경험을 구체적으로 이야기하면서 색깔을 드러내보도록 하자.

| 자기소개 After |

"친구들 사이에서 저는 '독종'으로 통합니다. 대학에 입학하면서 졸업할 때까지 최소 10개국 이상을 여행하겠다는 목표를 세웠습니다. 학생 신분인 제게 가장 큰 난관은 경제적인 부담이었습니다. 물론 부모님의 도움을 받을 수도 있었지만, 저는 혼자 힘으로 목표를 달성하고자 노력했습니다. 주4일 수업으로 스케줄을 조정하여 주3일 아르바이트를 하였고 고수입을 위해 공장에서도 아르바이트를 하였습니

다. 그 결과 지난 학기까지 제가 다녀온 나라는 모두 15개국입니다. 앞으로 새로운 해외 시장을 개척해야 하는 직무에서 한번 목표한 것은 이루어내고야 마는 '독종' 정신과 지치지 않는 끈기를 통해 저를 보여드리겠습니다."

사건과 스토리는 다르다는 것을 기억하자. 자신의 스토리를 구체성 있고 풍부하게 만들어야 설득력을 높일 수 있다.

작은 소재가 스토리를 완성한다

방송국 아나운서 채용 면접에서 P는 '어머니 귓속의 보청기'로 자기소개를 했다.

"제 어머니는 사고로 양쪽 고막을 잃으셨습니다. 청력을 거의 잃어서 보청기에 의지해야 합니다. 그래서 저는 어릴 적부터 크고 또박또박 말하는 습관이 생겼습니다. 지금까지는 어머니의 소통의 창이었지만 앞으로는 국민 모두의 소통의 창이 되고 싶습니다."

P의 진정성 있는 스토리가 면접관의 마음을 움직였다.

스토리는 작은 소재로 완성된다. 소재가 작아질수록 개인의 삶이 투영되어 스토리가 살아난다. 일반 보청기는 스토리가 될 수 없지만 '어머니 귓속의 보청기'는 스토리가 된다. 일반 보청기가 큰 소재라면 '어머니 귓속의 보청기'는 작은 소재다. 큰 소재를 가지고 이야기하는 것이 아니라

진정성 있는 스토리로 전달하라

소재를 잘게 잘라 작은 소재로 사용해야 면접관의 관심을 끌고 공감을 이끌어낼 수 있다.

구글의 김태원 씨는 최종 면접에서 다른 지원자와는 달리 스토리로 마케팅을 설명했다. 사회학과 전공이기 때문에 경영학 전공 지원자보다는 부족한 전문 지식을 본인의 경험을 통한 스토리로 전하며 '고객 지향적' 마케팅을 하겠다고 한 것이다. 그는 '대학생 리포터 시절'이라는 큰 소재를 잘라 '비오는 날 화난 노점상'이라는 작은 소재로 스토리를 완성했다.

당시 김태원 씨는 대학생 리포터로 취재 중이었다. 날씨가 너무 더워 힘들어 하는 상인들을 보며 '시원하게 소나기나 내려라'라고 생각하는데, 거짓말처럼 비가 내리기 시작했다. '영화 같은' 일이라고 기뻐하는 중에 한 노점상 아주머니가 제품이 비를 맞아 녹이 슬까봐 걱정하는 모습을 보게 되었다. 순간 그는 진정한 마케팅이란 그 사람의 입장이 되어 보는 것임을 알게 되었다. 그는 면접관에게 "노점상 아주머니에게 마케팅을 배웠다."고 말했다.

스토리로서 매력이 있는가 없는가의 여부는 소재가 얼마나 작은가에 달려 있다.

남과 같은 스토리는 버려라

서울동물원의 말레이곰 '꼬마'는 인기스타다. '꼬마'는 가출곰으로 유명하다. 그런데 동물원을 탈출해 청계산을 누비다 열흘 만에 돌아오자 사람들은 '꼬마'가 왜 가출했을까 궁금해 하기 시작했다. '꼬마'는 스토리가 있는 곰이 되었다.

자기소개 best 샘플

"중국인보다 중국을 더 사랑하는 지원자 K입니다. 저는 D기업을 목표로 정하고 중국 유학시절에도 D기업의 중국시장 진출을 고민해왔습니다. 중국은 현재 심각한 환경문제로 자동차 소유를 규제해 대부분 오토바이를 탑니다. 저는 공대학생과 스터디를 통해 스모그 지수에 대해 공부하였고, 유학생활 틈틈이 끊임없이 그들의 니즈를 파악해왔습니다.

현재 D기업이 중국시장에 진출할 수 있는 한 가지 방법으로 충전할 수 있는 배터리를 장착한 오토바이 납품을 생각해볼 수 있습니다. 또한 중국은 오토바이 분실사고가 빈번하므로 배터리에 개인의 고유번호나 바코드를 입력해서 다른 사람이 사용할 수 없도록 한다면 고객의 니즈가 많을 것입니다.

앞으로 해외영업 직무에 있어 판매자가 아니라 소비자의 입장에서 고민하는 지원자가 되겠습니다."

▶해외영업에 합격한 K의 사례다. 회사에 대해 구체적인 고민을 하고 나만의 아이디어 제시를 통해 합격한 케이스다.

"안녕하십니까, 저는 품질관리 직무에 지원한 '3초남' P입니다.

저를 뽑아주신다면 세 가지를 약속드리겠습니다.

첫째, 신속함을 약속드리겠습니다. 저는 시간의 소중함을 잘 알고 있습니다. 상선의 항해사 시절 누구보다 행동이 빠르고 분주하게 움직여 선장님께서 '3초남' 이라는 별명을 지어주셨습니다.

둘째, 꼼꼼함을 약속드리겠습니다. 제가 맡은 업무를 세심하게 체크하는 습관을 가지고 있습니다. 3등 항해사 시절 2등 항해사님이 놓친 업무를 빠르게 대처해서 한국선급 사관님의 지적을 피할 수 있었습니다.

셋째, 긍정 에너지를 약속드리겠습니다. 4년의 승선생활 동안 힘들 때마다 노래와 댄스로 분위기 메이커 역할을 담당했습니다.

저의 장점인 신속함, 꼼꼼함에 긍정에너지를 더해서 열린 머리, 열린 마음, 열린 행동을 실천할 수 있는 사람이 되겠습니다. 감사합니다."

▶H중공업에 합격한 □의 사례나. 3능 항해사 시절의 차별화된 스토리를 '3초남'이라는 브랜드로 구성하여 전달력을 높인 케이스다.

"안녕하십니까? B회사 R&D부서 지원자 L입니다.

왜? 라는 고민은 늘 새로운 시도와 몰입을 하게 만들었습니다.

첫째, 자동차 대회에서 새로운 시도로 우수상을 받았습니다. 대회 3일 전 서스펜션 암이 부러졌는데, 왜? 라는 궁금증을 가지고 부품 하나하나를 살펴본 결과 근본적인 원인이 결합 부위가 적합하지 않은 사각의 관이라는 것을 파악했습니다. 짧은 기간이었지만 원형관으로 바꾸고 3일 밤을 새며 설계와 용접에 몰입한 결과 대회 출전은 물론 우수상까지 받을 수 있었습니다.

둘째, 새로운 방법으로 엔탈피를 구했습니다. 열역학 수업에서 엔탈피를 구할 때 기존에는 도표, 압력, 비체적 등 다양한 방식이 있었지만 저는 온도라는 새로운 방식을 생각했습니다. 다양한 요소가 온도와 관련되어 있기 때문에 가능할 것이라고 판단했고, 그 결과 교수님께 새로운 접근성에 대한 칭찬을 받을 수 있었습니다.

R&D부서는 작은 것에도 궁금증을 가지고 새로운 시도를 해야 한다고 생각합니다. '왜?'라는 궁금증으로 더 나은 결과를 이끌어내겠습니다."

▶ R&D 직무에 필요한 기술과 지식을 강조해 합격한 자기소개로 이공계 직무 면접의 경우 해당 산업의 핵심적인 역량을 강조하는 것이 좋다.

'꼬마'가 스타곰이 된 이유는 바로 차별화였다. 누구도 따라할 수 없는 본인만의 스토리를 가지게 된 것이다.

또 다른 예를 살펴보자. 구직자들이 많이 하는 복수전공이라고 다 똑같은 게 아니라 차별화될 수 있는 복수전공이 따로 있다. 바로 L전자에 합격한 지원자 R이 그런 경우였다. 그는 기계공학 전공자들이 많이 하지 않는 경영학을 복수전공하고, 마케팅 대신 회계과목을 들은 지식적인 강점을 통해 본인만의 스토리를 차별화시켰다.

"L전자 C&M 파트 지원자, 꾸준함을 지닌 '융합형 인재' R입니다. 저는 제품을 개발할 때 다양한 관점에서 다양한 지식을 접목시켜야 한다고 생각합니다. 그래야 경쟁력 있고 소비자의 니즈를 충족시킬 수 있으며 동시에 시장을 선도하는 제품을 만들 수 있을 것입니다. 이를 위해 저는 기계공학에 경영학을 복수전공하였습니다. 기술을 위한 기술을 만드는 것이 아니라 제품 기획 단계에서부터 고객을 생각하는 제품을 만들고 싶습니다.

특히 소비자의 가장 관심 분야인 가격을 집중적으로 개선해 가장 합리적이고 경쟁력 있는 제품을 만들고자 회계 관련 과목도 함께 들었습니다.

저의 또 다른 강점은 꾸준함입니다. 고등학교 시절 우연한 계기로 시작한 헌혈이 지금까지 9년 동안 70여 차례에 이르고 있습니다. 우연히 시작한 일이지만 헌혈은 저에게 봉사라는 새로운 가치를 심어주었고, 봉사를 어렵게 생각하지 말고 지금 당장 꾸준히 하라는 의미를 알려주었습니다. 저의 꾸준함과 융합형 지식으로 L전자에서 새로운 가치를 만들고 싶습니다."

완전히 차별화된 스토리가 아니더라도 평범한 소재를 확대할 수도 있다. 구직자가 많이 가지고 있는 편의점 아르바이트를 예로 들어보자. 대부분의 구직자는 편의점 아르바이트 스토리를 통해 고객에 대한 서비스 정신을 이야기한다. 하지만 편의점에서 계산을 할 때 가장 먼저 하는 작

진정성 있는 스토리로 전달하라

업이 고객에 대한 정보를 입력하는 일이다. 그 정보를 통해 편의점은 시간대별 위치별 인기 상품을 선별하고 재고가 없도록 한다. 편의점 아르바이트라는 평범한 소재를 가지고 시간대별, 장소별 고객에 대한 분석과 마케팅 전략을 세운다면 나만의 차별화된 스토리로 만들 수 있다.

내가 경험한 '사건'이 '스토리'가 되었을 때 면접관의 신뢰를 얻을 수 있다. 면접관은 스토리를 통해 지원자의 덕목을 발견하게 되고, 기업의 인재상에 꼭 맞는 '우리화'된 사람이라는 확신을 가지게 된다.

04

쏙쏙~ 들리는 자기소개
따로 있다

W은행 면접관은 가장 기억에 남는 지원자를 다음과 같이 소개했다.

"전국 지점을 돌며 지점별 특성을 정리하고, 베스트 워스트를 비교했어요. 그리고 각 지점에서 만난 직원들의 명함을 면접장에 가지고 왔더군요. 그렇게 자기소개를 한 지원자가 가장 기억에 남아요."

D전자에서 면접을 본 B는 본인만의 자기소개가 합격비법이었다고 말

한다.

"저에 대한 SWOT 분석표를 하드보드에 도표로 만들어 갔어요. 표를 들고 자기소개를 했더니 면접관이 어떻게 그런 생각을 했냐며 호감을 표했고 결과는 합격이었어요."

위 사례에서 언급한 두 명의 자기소개에는 어떤 특징이 있을까?

두 사람 모두 자기소개에 공을 많이 들이고 차별화된 자기소개를 준비한 공통점이 있다. 구직자가 자기소개에 정성을 들이는 이유는 이력서에서 보여줄 수 없는 다양한 역량과 경험을 어필할 수 있는 절호의 기회이기 때문이다.

100명이 자기소개를 해도 잘 들리는 케이스는 다섯 명 미만이다. 많은 사람이 이야기를 하다보면 그 사람의 단어 하나하나 콘텐츠 하나하나를 기억하는 게 아니라 느낌이나 구성 등으로 기억하기 때문이다.

차별화된 방법으로 자신의 가치를 경쟁적으로 전달할 수 있는 자기소개 방법을 알아보자.

이름은 몰라도 브랜드는 기억한다

'악마의 아들' 박명수, '국민 여동생' 아이유, '의리' 김보성. 이들의 자기PR 전략은 브랜드다. 늘 감정적이고 공격적인 악역을 담당하는 박명수의 이미지는 '악마의 아들' 한마디로 전달된다. 이제는 '국민 여동생'이라는 말만 들어도 귀엽고 순수한 아이유를 상상하게 되고, 의리를 외치는 김보성은 의리남의 아이콘이 되었다.

브랜드는 사람들에게 빠르게 전달되고 오랫동안 기억하게 만든다. 연예인이나 상품 홍보를 위해서만 브랜드가 필요한 것이 아니다. 자기를 PR하기 위해서도 브랜드의 힘이 필요하다. 브랜드화 전략에서 가장 중요한 것은 브랜드와 상품의 조화다.

> 지원자: "안녕하십니까, 저는 게임 기획 분야에 지원한 Y입니다. 저는 고무찰흙 같은 사람입니다. 고무찰흙은 매우 유연하고 즐기는 도구인 동시에 무엇이든지 될 수 있는 가능성을 가진 재료입니다. 제가 가지고 있는 글쓰기와 그림으로 표현하는 능력으로 새로운 게임을 기획하고 싶습니다."
>
> 면접관: "아까 그 고무찰흙 지원자 말이야. 게임에 지원한 사람이 글쓰기와 그림까지 다양한 능력을 가지고 있어. 정말 다양한 가능성을 가진 친구 같아."

면접관은 이름은 몰라도 '고무찰흙'은 기억한다. 면접관이 나를 연상시킬 수 있는 단어를 공략하여 나만의 브랜드를 만들되 다음의 원칙에 맞는 브랜드를 찾도록 한다.

첫째, 직무에 적합한 나의 강점이 브랜드의 특성과 일치해야 한다.

둘째, 면접관이 공감할 수 있는 단어를 선택한다.

셋째, 브랜드는 명확하고 간결하고 차별성이 있어야 한다.

컨설팅에서 만난 한 여대생의 사례를 보자.

> "안녕하십니까, S기업 IT개발 및 운용에 지원한 맥가이버 Y입니다. 저는 맥가이버처럼 주변의 문제를 찾고 개선하려고 노력합니다. 홈

쏙쏙~ 들리는 자기소개 따로 있다

플러스 판매 아르바이트 당시 고객이 원하는 상품을 찾지 못해 헤매는 것을 목격했습니다. 이때 저는 문제 반견을 넘어 직접 해설하고자 고민하였고 IT 전공 지식을 활용하여 쇼핑앱을 개발했습니다. 고객이 원하는 구매목록을 작성하면 알고리즘을 통해 최단 동선을 표시하여 고객이 편리하게 위치를 찾을 수 있는 어플리케이션이었습니다. 대형 마트 DB와 연동시키는 문제로 상용화되지는 못했지만 이후 학교에서 프로젝트를 통해 출석 앱과 빈 강의장을 찾는 앱을 개발할 수 있었습니다.

이러한 맥가이버 정신으로 SI분야에서 외국시장의 니즈를 분석하여 해외매출 40퍼센트 달성을 위해 노력하겠습니다."

SI 직무에 있어 본인의 강점인 탐구정신과 문제해결력을 표현하는 브랜드로 '맥가이버'를 선택했다. 많은 사람이 알고 있는 '맥가이버'를 통해 공감을 이끌었는데, 본인의 강점과 '맥가이버'의 강점이 딱 맞아 떨어졌다. 차별성, 명확성, 간결성, 세 박자를 모두 갖춘 브랜드다.

바로 이 사람이야!

똑같은 자기소개로는 나를 알릴 수 없다. 면접관도 똑같은 자기소개에 식상해 한다. 점심시간 이후나 창의력을 필요로 하는 면접에서는 새로운 형식의 자기소개가 필요하다. 면접관을 사로잡은 독특한 사례들을 살펴보자.

"자기소개 방법이 독특하고 신선하다. 기억에 남을 것 같다."

면접관의 반응은 긍정적이었다. 결과는 합격이었다. 아래는 S은행에 지원한 여학생의 자기소개다.

"안녕하십니까, 저는 오늘 여러분께 새로운 상품 하나를 소개해 드릴 텐데요, 바로 A대학교가 추천하는 오늘의 상품 K보험입니다.

일단 외모를 살펴보면 밝고 명랑한 이미지가 사람들에게 편안함으로 다가갈 것입니다. 또한 동아리 활동과 인턴십 활동 등의 경험으로 조직 구성원 사이에서도 관계유지에 꼭 필요한 윤활유 같은 존재가 될 것입니다. 해외연수와 배낭여행, 영자신문 기자활동 등의 경험은 국제적 감각을 원하는 조직에서 필수적인 요소가 아닐까 생각합니다.

마지막으로 자원봉사 활동을 통해 배운 인내심과 상대방에 대한 배려 등은 경쟁중심의 사회에서 더욱 소중한 가치가 될 것입니다. 열정과 패기, 자신감에 말솜씨까지 지니고 있는 K보험, 지금 바로 선택하시겠습니까?"

면접관을 고객으로 자신을 상품화하여 상품의 장점을 소개한 방식이다. 금융에서 새롭게 원하는 인재상인 '영업력'에 맞춰 고객에게 상품을 판매하는 영업적 역량을 자기소개로 연결시켜 좋은 평가를 받았다.

또 다른 예를 보자. 이번에는 기자가 되어 자기를 인터뷰하는 방식이다.

"안녕하십니까. 토마스 에디슨은 전기를 발명하기까지 무려 2000번의 실수를 거듭했다고 하죠. 하지만 그는 2000번의 실수가 아니라 단지 과정을 거쳤을 뿐이라고 말합니다. 여기 에디슨처럼 긍정적인

쏙쏙~ 들리는 자기소개 따로 있다

사고를 가지고 자신의 꿈을 위해 노력하는 여성이 있어 만나봤습니다.

S대학교 4학년에 재학 중인 K씨. 제5회 Y국제영화제에서 미얀마 대사의 수행통역을 하며 이 지역 역사와 문화를 성실한 모습으로 알려 최우수 자원봉사자로 뽑히기도 했다는군요. 또 학교에서는 해외에서 갈고 닦은 실력을 영어동아리 후배에게 베푸는 마음 따뜻한 영어선생님이라고 합니다. 그래서 주위에서는 그녀를 '친절한 K씨' 라고 부른다고 합니다.

따뜻한 눈과 마음으로 세상을 보고 싶다는 그녀는 오늘도 꿈을 위해 열심히 노력하고 있습니다. 친절한 K씨, 그녀를 뉴스데스크에서 만날 날을 기대하며 오늘 이 시간 마치겠습니다."

아나운서를 지원한 K는 본인을 인터뷰하는 방식의 자기소개로 면접관을 사로잡았다. 타인의 시선으로 전달하면 자기소개에 신뢰성이 더해져 설득력을 높일 수 있다.

나만의 특기를 준비하라

H제지 면접관은 제지 기술직을 지원했던 C가 가장 인상적이었다고 전했다. 제지 기술직은 주로 남성을 선호하기 때문에 여성인 C는 상대적으로 불리한 입장이었다. 면접관이 지쳐가는 오후 시간대에 면접장에 들어온 C는 '어머나' 를 부르며 자기소개를 하였고 "회식자리에서 다시 부르겠습니다."라는 인사로 마무리하였다. 임원들이 좋아하는 노래이고 공장에서

아르바이트를 할 때 분위기를 띄우기 위해 즐겨 불렀다는 C의 트로트는 면접관에게 반전 매력을 주기에 충분했다.

C의 트로트가 플러스가 될 수 있었던 이유는 면접관이 지쳐 있는 오후라는 타이밍을 잘 활용한 데 있다. 시간의 흐름에 따라 면접관의 긴장감 정도를 분석한 '면접의 동태적 분석'을 보면 면접관의 긴장감이 가장 최고도인 오전 8시 30분에는 노래나 유머 등의 자기소개는 하지 않는 것이 좋다. 면접관의 긴장감이 0에서 다시 상향되는 오후 1~3시에는 립서비스 등의 환기성 질문을 하거나 유머를 사용하면 효과적이다. 면접관의 심리가 직무중심에서 사람중심으로 바뀌는 시간대이기 때문이다. 3시경은 면접관이 심리적으로 가장 힘든 시간이고 다시 긴장감이 완화되다가 5시를 전후해서는 노래, 쇼, 춤 등 특기를 활용해 분위기 전환을 시도해 보는 것도 좋다. 오후 1~3시와 5시를 전후한 시간에는 유머가 있는 톡톡 튀는 자기소개가 면접관을 사로잡을 수 있다.

그러나 특기가 오히려 독이 되는 경우도 있다. 면접관이 노래를 시켰는데 '입영열차 안에서'를 불러 걱정이 많고 우울한 이미지를 주거나 공감대가 형성되지 않는 노래를 하는 경우는 오히려 비호감이다.

영업직에 지원한 S가 그런 경우였다. S는 KBS 개그콘서트의 인기코너인 '도찐개찐'의 유행어를 활용하여 자기소개를 했다. 면접관은 '개콘'도 '도찐개찐'도 몰랐다. 영업직무에 지원하면서 임원진의 심리상태도 모르고 어떻게 고객의 마음을 읽을 수 있을까 염려가 들었다.

톡톡 튀는 자기소개의 핵심은 면접 순서와 공감이라는 것을 명심하자.

스피치를 좌우하는
숨은 두 요소

아리스토텔레스는 수사학에서 사람을 설득할 때 가장 중요한 요소가 '에토스'라고 강조했다. 즉 상대를 설득할 때 60퍼센트의 에토스와 30퍼센트의 파토스, 10퍼센트의 로고스를 사용하면 가장 효과적이라고 말한다. 로고스Logos는 논리로 논리적인 근거나 자료를 가리키고, 에토스Ethos는 신뢰감이나 호감 등 말하는 사람의 인격을 의미하며, 파토스Pathos는 듣는 사람의 마음을 움직이는 감정적인 요소다.

아리스토텔레스가 강조하는 에토스는 신뢰감으로, 이것은 그 사람의 평상시 덕목과 평판으로 형성되며 표현의 방법에서는 이미지에 영향을 받는다. 에토스로 표현되는 신뢰감과 호감은 목소리와 보디랭귀지로 가장 잘 표현이 된다. 실제로 커뮤니케이션에서 목소리와 보디랭귀지의 중요한 역할은 메라비언 법칙에 의해 이미 확인된 바 있다. 메라비언 법칙에 따르면 커뮤니케이션에서 청각적인 요소가 38퍼센트, 시각적인 요소가 55퍼센트, 말의 내용은 겨우 7퍼센트의 효과가 있을 뿐이라고 한다.

"저는 적극적인 사람입니다. 대학시절 다양한 아르바이트를 통해 적극성을 키웠습니다."

지원자 P는 적극적이라고 본인을 소개하지만 면접관은 '소극적으로 보인다'고 평가표에 기재한다. 면접관이 소극적이라고 판단하는 근거는 작은 목소리와 바닥으로 향하고 있는 시선이었다. P의 실제 콘텐츠와 달리 면접관은 P를 적극적이라고 인식하지 않았다. 왜냐하면 에토스, 즉 목소리와 보디랭귀지가 콘텐츠와 호응하지 않았기 때문이다.

면접에서 스피치를 할 때 중요한 것은 목소리와 보디랭귀지를 이용해 에토스를 극대화하는 것이다. 스피치를 좌우하는 숨은 두 요소인 목소리와 보디랭귀지에 대해 알아보자.

발성, 자신감 있는 스피치의 비법

"목소리가 너무 작아서 고민이에요. 어려서부터 목소리가 작아 발표할 때마다 놀림을 받곤 했는데 어쩔 수 없나 봐요. 점점 말할 자신이 없어져요."

"친구랑 수다 떨 때는 안 그런데, 면접장에만 가면 소리가 잘 안 나오고 목소리가 떨려서 불안정한 느낌을 줘요."

목소리 때문에 고민하는 지원자가 많다. 목소리가 작으면 자신감이 없어 보이고 상대방이 말을 듣기 위해 더 많은 에너지를 써야 하기 때문에 지치게 된다. 작은 목소리, 쉽게 갈라지는 목소리, 말을 할 때 숨이 차는 경우 모두 발성이 문제다.

이런 사람은 다음 훈련을 먼저 해보자. 손바닥이 위로 올라가도록 양손을 겹쳐 모아 배꼽 위치에 둔다. 옆 사람에게 손바닥을 힘껏 누르게 하고 손바닥이 내려가지 않도록 힘을 주면서 말을 해본다.

"이럴 수가! 제 목소리가 이렇게 큰지 오늘 처음 알았어요!"

평소보다 목소리가 커지고 무게감이 느껴져 본인 스스로도 놀란다. 목소리가 작은 사람은 그동안 말을 할 때 전혀 에너지를 쓰지 않고 편하게 말하는 것이 습관이 됐을 뿐이다. 스스로 큰 소리를 낼 수 있다는 것을 깨닫는 데서 발성훈련은 시작된다.

어떻게 작은 행동만으로 소리가 커질 수 있는 걸까? 옆 사람이 내 손바닥을 눌렀을 때 내 몸이 자연스럽게 반응한 과정을 살펴보자. 성대는 오직 발성을 위한 기능을 한다. 성대가 열리고 닫힐 때 진동수에 따라 목소리의 높낮이가 결정되고, 성대가 열릴 때의 폭인 진폭에 따라 목소리의 크기가 결정된다. 성대를 통해 나오는 공기의 압력이 클수록 성대가 많이 열려 진폭이 커지고 소리가 커진다.

배에 힘을 주면 배가 쏙 들어가 자연스럽게 복식호흡이 되면서 배로 공기의 양과 압력을 조절하기 때문에 소리가 커지는 것이다. 복식호흡이란 가슴으로 쉬는 얕은 숨이 아니라 아랫배를 이용해서 깊은 숨을 쉬는 호흡법이다. 복부 근육을 압축시켜 폐 속 공기를 힘차게 내보낼 때 높아진 공기가 성대를 진동시켜 힘 있고 씩씩하게 내는 소리가 뱃소리다.

혼자서 발성훈련을 해보자. 허리를 숙인 채로 '아~' 소리를 내며 발성하거나 한쪽 다리를 직각으로 들어올리고 책을 읽는 방법이 있다. 두 동작 모두 배에 힘이 들어가 복식호흡 상태가 만들어진다.

큰 목소리가 자신감을 준다는 사실도 잊지 말자.

발음, 신뢰감 있는 스피치의 비법

면접은 아나운서 선발대회가 아니기에 정확한 발음을 요구하지는 않는다. 다만 면접에서 신뢰감을 떨어지게 하는 발음 문제는 '복화술 발음' 과 '아성' 두 가지다.

복화술 발음은 입을 벌리지 않아 소리가 입안에서만 맴돌며 웅얼대듯 하는 것이다. 이런 경우 말하려는 내용이 100퍼센트 전달되기 힘들다. 복화술 발음을 고치기 위해서는 항상 입을 크게 벌려 음가 하나하나를 정확하게 발음해야 전달력을 높일 수 있다. 혀, 입술, 턱의 조음기관을 풀어주면 발음이 좋아진다. 나무젓가락을 물고 또박또박 읽는 연습을 하는 훈련도 혀와 입술을 충분히 움직일 수 있어 도움이 된다. 이때 나무젓가락은 최대한 앞니로 물어 입안의 공간을 충분히 만들어줘야 한다.

컨설팅을 하면서 흔히 보는 발음 문제가 아성이다. 아성이란 아기처럼 말하는 것으로 혀 짧은 소리나 앵앵거리는 소리다. 특히 여성 구직자의 경우 아성 문제로 신뢰감을 주지 못하는 경우가 많다. 이성에게는 귀여운 스피치가 매력일 수 있지만 면접관에게는 오히려 독이다. 아성으로 말하는 사람은 거울을 보거나 촬영을 통해 본인의 입모양을 체크해 본다. 대부분 입을 가로로 벌려 말하는 것을 알 수 있다. 발음을 잘 하기 위해서는 모음에 따른 입모양을 정확하게 해주는 것이 중요한데, 모든 모음을 가로 근육으로만 발음하기 때문에 아성이 나오는 것이다. 세로 근육을 사용하여 모음을 정확하게 발음하는 것만으로도 좋은 결과를 얻을 수 있다.

음가는 말의 소릿값을 말한다. 좋은 발음으로 전달력을 높이기 위해서는 음가를 정확하게 낼 수 있도록 입을 크게 벌리고 발음 하나하나를 정성들여 소리 내는 습관을 가지자.

속도, 전달력 있는 스피치의 비법

면접에서 너무 빨리 말하면 성격이 급해 보이고 말의 내용이 전달되지 않는다. 반대로 말이 너무 느리면 답답하고 두뇌회전이 느려 보여 자신감 없는 이미지를 전달한다. 현재 내가 말하는 속도를 체크해 보자.

다음의 원고를 본인의 자기소개라고 생각하고 1분 동안 평상시 내가 말하는 속도로 읽어보자.

| 원고샘플 |

한 가지 일에 집중하여 확실한 목표를 세우고, 달성한 후 얻는 짜릿한 성취감을 좋아합니다. '반다이코리아'의 일본 완구 제품설명서를 번역할 때는 번역 업무에 집중하여 보통 10일 정도 소요되는 100장의 원어 설명서를 일주일 만에 정확하게 오타 체크까지 완수해낸 경험이 있습니다. 이는 정확한 업무의 목표치를 설정하고 집중하다 보니 평소보다 좋은 결과를 얻게 된 것입니다. 번역 담당자로부터 신속

하고 정확한 임무 완수에 대한 좋은 평가를 얻은 경험은 자신감을 얻는 계기가 되었습니다.

수줍음을 많이 타는 성격이라 어릴 때 남들 앞에서 말하는 것을 자신 없어 했고, 처음 만난 사람과 자연스럽게 대화를 이어가는 것이 어려웠습니다. 대학 입학 후, 이런 부분을 보완하기 위해 일본어과 소모임에서 활동하면서 구성원들과의 돈독한 관계를 바탕으로 소외계층 학생들을 대상으로 일본어를 지도하는 봉사활동을 했습니다. 또한 일본문학 분석 프로젝트 수업에서 발표자로 나서며 적극적으로 참여하였습니다. 교생실습 때에는 대표를 맡아 교생실 환경정비를 위한 소회의를 통해 부족한 인터넷 선을 늘리는 것과 같은 의견을 수렴하고 건의하는 활동을 하면서 사회성을 늘리고 인맥을 넓히는 노력을 해왔습니다.

1분 스피치를 기준으로 했을 때, 1분에 300자에서 330음절 정도를 말하는 속도감이 가장 적절하다. 따라서 원고 샘플에서는 '바탕으로 소외계층 학생들을'이 나오는 부분까지 읽은 속도감이 가장 적절하다.

말이 빠른 경우는 두 가지가 있는데, 면접에 대한 긴장감으로 속도 자체가 빨라지는 사람이 있고, 문장과 문장 사이의 연결이 빠른 경우가 있다. 호흡을 충분히 하고 문장과 문장 사이에 의도적으로 쉬는 연습을 하면 적절한 속도로 말하는 데에 도움이 된다. 때로는 의도적으로 속도를 조절해서 전달력을 높일 수 있다.

가장 좋은 방법은 포즈를 주는 것이다. 포즈는 말을 하다 잠깐 멈추는 것을 말하는데, 중요한 내용을 말하기 전에 포즈를 주면 듣는 사람을 집

스피치를 좌우하는 숨은 두 요소

중시킬 수 있다.

다음 문장을 보며 '/' 표시된 부분에서 포즈를 주자.

"저는 사람을 인식할 수 있는/ 인식력, 안주하지 않는/ 도전정신, 밤샘 작업에도 지치지 않는/ 체력을 가지고 있습니다."

"저의 좌우명은/ 성장하지 못하면/ 죽는다입니다."

말의 속도에 따라 리듬감이 생기고 면접관의 귀를 나에게 집중시킬 수 있다.

시각적인 요소 보디랭귀지

면접관과의 커뮤니케이션은 아이컨택에서 시작한다. 상대와 눈을 마주치는 것이 아이컨택이라는 사실은 대부분 잘 알지만 이 원칙만 지키다간 오히려 낭패인 경우가 생긴다.

첫번째는 눈으로만 아이컨택을 하는 경우 면접관을 째려보는 상황이 될 수도 있다. 면접에서 아이컨택은 하체를 고정시킨 상태에서 눈과 얼굴, 어깨가 한 방향으로 움직일 수 있도록 상반신 전체를 돌리는 것이다. 몸으로 하는 아이컨택은 집중력 있게 면접관과 공감하는 태도를 보여줄 수 있다. 두번째는 옆 사람이 답변할 때 옆 사람을 바라보는 아이컨택을 하는 상황이다. 면접에서는 내가 답변을 하지 않을 때도 면접관은 항상 나를 평가하고 있기 때문에 앞에 있는 면접관을 바라보며 아이컨택을 하는 것이 좋다.

제스처도 중요하다. 적절한 제스처는 자신감 있어 보이고 표현력을 높여준다. 효과적인 제스처의 기본 원칙은 손이 아닌 팔 전체를 쓸 것과 가슴높이에서 하는 것이다. 손가락을 꼼지락거리거나 아래쪽에서 손으로만 하는 제스처는 긴장한 것처럼 보이고 집중력을 떨어뜨린다.

앉아서 보는 면접의 경우, 제스처는 가슴 높이에서 취하는 것이 시각적으로 봤을 때 안정감 있다. 5 미만의 수는 손을 올려 손가락으로 나타내고 확대나 축소, 성장을 나타낼 때는 두 손을 벌리거나 왼쪽에서부터 오른쪽으로 커짐을 표시한다. 강조하고 싶을 때 주먹을 쥐어 높게 들거나 양팔을 벌리는 것도 좋다.

제스처는 절도 있게, 그리고 크게 써야 한다는 것을 기억하자.

스피치를 좌우하는 숨은 두 요소

말 잘하는 지원자,
비법이 뭘까?

남자와 여자의 대화법이 다르듯 면접관과 지원자의 대화법도 다르다. 준비한 것은 많은데 표현하는 스킬이 부족한 지원자를 만났을 때 가장 안타깝다. 그들은 자신만의 대화법으로 이야기하면서 기업이 자신을 알아주지 않는다고 하소연한다. 여자친구가 대체 왜 화났는지 모르겠다고 말하는 남자와도 같다. 화난 여자친구의 마음을 풀어주려면 여자친구가 원하는 대화를 해야 한다.

면접에서도 면접관에게 나를 어필하려면 면접관의 대화법을 알아야 한다. 면접관이 원하는 대화법은 뭘까?

다음은 면접관들을 직접 만나 인터뷰한 '면접 인터뷰 시 좋은 평가를 받는 지원자의 모습'에 대한 답변이다.

"결론부터 간결하게 두괄식으로 답변" –LG전자 강우철 부장

"힘 있는 목소리, 말투, 전달력" –DHL코리아 한은수 부장

"구체적인 경험을 근거로 논리적으로 주장" –삼성전자 지세근 상무

"회사에 대한 의지와 관심을 표현" –한국방송광고진흥공사 최원선 과장

"직무 중심의 역량을 강조" –동원엔터프라이즈 전진호 차장

이 장에서는 면접관이 원하는 대화법을 알아보자.

답변에 지식, 기술, 태도로 경험을 녹여내라

면접은 시간적 제약이 있다. 면접관은 주어진 시간에 평가를 하고 싶어 하므로 구구절절 설명하는 지원자들은 평가에 불리해질 가능성이 높다. 면접관의 입장에서 시간의 제약을 고려할 때, 하고 싶은 말을 나열하는 것보다는 평가 항목 중심으로 답변이 구성되어야 잘 들리는 면접 스피치로 이해될 수 있다. 역량구조화 면접에서는 역량을 측정하는 구성요소가 핵심인 셈이다.

역량의 구조 모델에 따르면 역량은 K knowledge, S skill, A attitude로 구성된다. K는 knowledge로 '지식의 개념'이다. S는 skill로 '보유기술'을 말하며, 대학생활 경험을 통해 내가 할 수 있는 독특한 기술을 보여준다. A는 attitude로 '태도'다.

면접관에게 역량 있는 인재임을 보여주기 위해 추천하고 싶은 것은 K

말 잘하는 지원자, 비법이 뭘까?

→S→A 순서로 말하는 방식이다. 왜냐하면 K와 S는 표면적 특성으로 사실이며 실제적인 부분이라 평가가 가능하기 때문이다. 반면에 A는 눈에 보이지 않고 추상적이라 평가가 어렵다. 면접에서는 보이지 않고 확인할 수 없는 '태도'적인 역량보다는 볼 수 있고, 직접적으로 평가 가능한 '지식'적인 역량과 직무 관련 '경험'을 먼저 말하는 것이 유리하다.

회계직무에 지원하는 B의 사례를 보자.

"저는 회계직무에 꼭 필요한 책임감과 꼼꼼함이 있습니다."라고 시작하는 것은 A로 시작하는 것이다. 지원자가 A를 먼저 답변하면 면접관은 다시 A에 대한 사례를 체크해야 한다. A만 가지고는 평가요소로 쓸 수 없기 때문이다. 더불어 A를 기술할 때에는 구체적으로 경험한 상황을 함께 명시해야 면접관이 지원자의 태도를 가늠할 수 있다.

K→S→A로 대답해 보자.

K: 회계직무에 필요한 회계원리, 중급회계, 관리회계, 원가회계 등을 공부했습니다.

S: 대학교 3학년 때는 1년간 법인기업에서 세금 관련 인턴을 하여 법인회계 경력을 쌓았으므로 실무 투입이 가능합니다.

A: 회계직무에 필요한 책임감과 꼼꼼함이 있습니다.

짧은 말이 강렬하다

| Before |

"저에게는 반드시 이루어야 할 세 가지 목표가 있는데, 첫번째는 스

스로 등록금과 생활비를 버는 것이었습니다. 그래서 저는 학기 중에는 학원과 과외 아르바이트를 하고 방학에는 공장 아르바이트를 하면서 다양한 사회경험을 통해 무척 힘든 시간이었지만 꾸준히 노력한 결과 강한 책임감을 배웠고 말로 표현할 수 없는 뿌듯함을 느낄수 있었습니다."

| After |

"저는 세 가지 목표가 있었습니다. 첫번째는 스스로 등록금과 생활비를 버는 것이었습니다. 학기 중에는 학원과 과외 아르바이트를 하고 방학에는 공장 일을 병행했습니다. 사회경험을 통해 힘든 시간이었지만 책임감과 뿌듯함을 느낄 수 있었습니다."

말을 할 때는 장문보다 단문으로 이야기하는 것이 귀에 쏙쏙 들어온다. 스피치 전문가는 새로운 음성 정보에 대한 집중력이 20초에 불과하다고 강조한다. 당연히 문장의 길이가 짧아질수록 집중력이 높아지고 이해하기도 쉽다.

미국 버락 오바마 대통령의 연설은 간결하고 반복적이다. 쉬운 단문을 반복하여 청중이 잘 기억하도록 한다. 스티브 잡스 역시 프레젠테이션 할 때 외국인도 쉽게 알아들을 수 있는 짧은 단문으로 말하고 꼬리를 무는 형식으로 이어갔다.

단문 위주로 말하는 데는 두 가지 방법이 있다. 첫번째는 주어가 다른 문장들을 연결하지 않고 두 개의 문장으로 나누는 것이다. 말을 할 때 장황하게 장문이 되는 이유는 '-(으)며, -고' 등의 연결어미를 사용하기

말 잘하는 지원자, 비법이 뭘까?

때문이다.

두 번째는 스피치글 안 내 수식어, 1인칭 대명사, 접속사를 빼는 것이 비법이다. 구직자들이 많이 쓰는 수식어는 '부사'다. 컨설팅을 하다 보면 화려한 표현으로 강한 느낌을 주기 위해 수식어를 많이 사용하는 것을 볼 수 있다. "매우/ 힘들었습니다." "가장 빨리/ 해결할 수 있었습니다." 여기서 '매우', '가장', '빨리' 등의 부사를 빼는 것이다. 부사를 정리해 문장을 다듬으면 스피치가 간결해지고 꾸밈이 없어 진심을 전달할 수 있다.

중복적으로 사용하는 '저는', '제가', '저에게는' 등 자신을 가리키는 1인칭 대명사는 생략하는 것이 좋다. 마지막으로 '그리고', '그래서' 등의 연결 접속사를 뺀다. 접속사는 글을 쓸 때는 흐름상 자연스럽게 연결하기 위해 필요하지만 스피치에서는 군더더기일 뿐이다.

짧은 말 속에 함축적인 의미를 담을 때 전달력이 높아진다는 것을 기억하자.

논리적으로 주장하라

취업포털 '사람인'이 137개 기업 인사담당자를 대상으로 조사한 결과에 따르면 기업 인사담당자가 채용과정에서 중요시하는 평가기준 중 커뮤니케이션 능력을 평가할 때 반영되는 언어요소 가운데 '논리적 말하기'가 47.4퍼센트(복수응답)로 1위였다. 그 외에 명료한 말하기(46%), 표현력(32.1%), 단어 선택 및 문장력(15.3%), 간결함(14.6%), 참신함(13.9%) 등이 평가요소였다.

인사담당자들이 '논리적 말하기'를 중요하게 생각하는 이유는 비즈니스에서 중요한 요소이기 때문이다. 논리적인 사람은 명확한 이유를 들어 본인의 의견을 주장하고, 상대와의 갈등을 객관적인 관점에서 대화로 해결할 수 있다.

PREP법을 이용하여 논리적으로 말해 보자. PREP법은 영국 윈스턴 처칠 수상이 즐겨 사용한 스피치 기법으로 '처칠식 말하기 기법'이라고도 한다. P는 주장Point, R은 이유Reason, E는 예시Example, P는 주장Point이다. 자신의 주장에 대해 이유를 정확하게 제시하고 예를 든 후 다시 주장으로 마무리하는 방법이다.

> 면접관: "다른 지원자에 비해 본인이 가진 강점은 무엇인가요?"
> P: 저의 강점은 도전정신입니다.
> R: 실패를 두려워하지 않는 도전정신은 변화를 이끌어낼 것입니다.
> E: 인문계열 학생이지만 IT 경험이 없다는 두려움을 극복하고 스마트 TV 어플리케이션 회사에서 인턴을 하였습니다. 당시의 경험을 바탕으로 A전자에 지원하게 된 것도 도전입니다.
> P: 이러한 저의 도전정신은 새로운 변화를 이끌어 내는 강점이 될 것입니다.

설득력을 높이기 위해서는 P에 맞는 R과 E가 중요하다. R이 추상적이고 넓고 전체적인 증거라면 E는 구체적인 개별 증거를 말한다. 주장에 맞는 R이 모두가 이해할 수 있는 것이어야 논리적으로 평가된다. E에서 숫자와 실제사례를 사용하여 R을 구체화시키면 설득력이 높아진다. 마지막 P는 주장에 대한 요약으로 의견을 강조한다.

같은 말을 하더라도 어떻게 하는가에 따라 전달력이 달라진다. 면접관이 원하는 내화법으로 면접에 성공하자.

스펙을 이기는 이미지

초판 찍은날 2015년 3월 27일   **초판 펴낸날** 2015년 4월 7일

지은이 지수현

펴낸이 김현중
기 획 출판기획전문 (주)엔터스코리아
편집장 옥두석 | **책임편집** 이선미 | **디자인** 권수진 | **관리** 위영희

펴낸곳 (주)양문 | **주소** (132-728) 서울시 도봉구 창동 338 신원리베르텔 902
전화 02.742.2563~2565 | **팩스** 02.742.2566 | **이메일** ymbook@nate.com
출판등록 1996년 8월 17일(제1-1975호)

ISBN 978-89-94025-38-4 03320